供应链革命

区块链技术如何改变全球资产流通

[加]唐·塔普斯科特 编著
Don Tapscott
晏明峰 译

东方出版中心

图书在版编目（CIP）数据

供应链革命：区块链技术如何改变全球资产流通 /（加）唐·塔普斯科特编著；晏明峰译. —上海：东方出版中心, 2021.7

（区块链赋能丛书）

ISBN 978-7-5473-1844-7

Ⅰ.①供… Ⅱ.①唐… ②晏… Ⅲ.①区块链技术—应用—供应链管理 Ⅳ.①F252.1-39

中国版本图书馆CIP数据核字（2021）第103141号

上海市版权局著作权合同登记：图字09-2021-0441号

供应链革命

编　　著　〔加〕唐·塔普斯科特
译　　者　晏明峰
策划组稿　赵　东
责任编辑　费多芬
封面设计　今亮後聲 HOPESOUND 2580590616@qq.com · 小九
版式设计　钟　颖

出版发行　东方出版中心
地　　址　上海市仙霞路345号
邮政编码　200336
电　　话　021-62417400
印 刷 者　山东韵杰文化科技有限公司

开　　本　890mm × 1240mm　1/32
印　　张　9.25
字　　数　168千字
版　　次　2021年7月第1版
印　　次　2021年7月第1次印刷
定　　价　49.80元

前　言

我们开始编著这本书的时候，新冠疫情还未成为媒体头条。仅仅几个月过去，新冠病毒夺去了许许多多宝贵的生命，摧毁了全球经济，并暴露了我们在社会契约方面的严重缺陷，尤其是在全球公共卫生和家庭收入分配问题上。此次疫情也反映出供应链方面存在各种问题。不光是我们的制造业厂商在亚洲供应商关门歇业时因无法找到新的供应源而手足无措，整个西方世界也在数十年来首次遭遇了基本消费品跨境供应短缺的问题。

确实，疫情促使我们改变行为方式，大家主动拉开社交距离，帮助有需要的人士，采取充分的自主隔离措施。然而，它也助长了人们的恐慌，像囤积物品之类的反社会行为就可见一斑。从洗手液到厕纸，人们涌入商店扫清货架上的每件商品。更糟糕的是，一些无良的商家试图以离谱的高价在线上兜售这些产品。由于供应链缺乏透明度，恐慌的消费者成了牺牲品。

全球供应链是一个规模 50 万亿美元的产业[1]。它是全球经济和商业的基础。正如我喜欢说的一句话："如果你得到它，那是供应链满足了你。"我认为，正当此时，我可以加上一句："如果你没得到它，那是供应链辜负了你。"

过去数十年间，信息技术确实改善了全球范围内的货物流通。企业资源计划系统（ERP，Enterprise Resource Planning Systems）、电子数据交换（EDI，Electronic Data Interchange）和像ISO9001和ISO14001之类标准让货物的全球供应更加高效。但是，此次危机告诉我们，还有更紧迫的任务尚待完成。

如今的供应链是纷繁复杂的，其间各式各样的厂商生产的各种产品组件通过卡车、飞机、船舶和火车被运往各处。太多参与方还通过一种拜占庭式的计算机网络（a Byzantine network of computer systems），用电子邮箱、电话和传真等相互协调和交易。这样操作速度很慢，成本很高，而且还非常枯燥。发票、信用证、银行保函、提单、报税单据、收据等一大堆的文件堆积如山。参与方完成支付，得经过一堆中介机构（银行、保管人、代理、律师、税务局、记账公司等等）和一系列流程。消费者和供应链参与方很难得到准确的信息。

这就是为什么疫情当前，无法获悉情况的消费者会看似合理地判断后面几个月都可能买不到厕纸。于是，就开始囤积。

区块链——价值互联网出现后，人类历史上第一次个人和组织可以通过数字化对等地管理和交易他们的资产。这些资产可以是数字化的货币、身份和个人信息，也可以是以数字令牌表示的实物资产。参与交易的各方不必依赖中介机构，而是可以通过加密技术和设计巧妙的代码来实现互信。

可以设想有那么一条供应链，它由高速更新的共享网络构成，可以提供有关货物所在地点、数量和保管状况的唯一真实的实时数据。在这个网络中，我们可以通过智能合约进行智能结算，因而冲突、人为干预和法务费用都得以减少和降低。我们得以将性命攸关的医疗物资重新导向深陷困顿的医院。在物件完成交付的同时，如果可以完成实时小额支付，成本也将会更低。消费者可以看到洗手液在整个供应链中流通的情况，按合理需求数量下单，也不用担心价格和到货日期发生变化。同样，生产者也可以跟踪需求并实时调整产量。

动物风投（Animal Ventures）的两位联合创始人贝蒂娜·沃伯格（Bettina Warburg）和汤姆·塞雷斯（Tom Serres）启发我开始思考，有一天区块链会像前面说的那样抛出前所未有的大量数据，让我们以从未有过的方式去研究大规模供应链。在一次与他们的对谈中，针对他们描述的用于支持供应链自主分布式管理的区块链，我脱口而出造了一个词——“资产链”（asset chains）。

为了更清楚地了解区块链会给商业和社会带来怎样的影响，亚历克斯·塔普斯科特（Alex Tapscott）和我一道创立了区块链研究学会（BRI，Blockchain Research Institute）这一研究分布式账本（distributed ledger）的全球型智库。我们与主编柯尔斯滕·桑德伯格（Kirsten Sandberg）和执行董事希拉里·卡特（Hilary Carter）

一起将这一领域内最优秀的人（贝蒂娜和汤姆也在其中）聚合到一起，来考察区块链应用案例和实施方面的挑战。我们耗资上千万美元的研究项目涵盖了十个行业垂直领域内的一百多个项目，涉及九位公共和私营领域内的企业高管。我们的成员包括大型公司、政府、非营利组织，以及来自初创群体的企业家。

经过区块链研究学会的三次高峰会议和本次重大疫情后，我比以往更加确信：

- 区块链技术将重塑全球范围内各类资产的流通，无论是有形资产还是无形资产。
- 我们认为，任何通过全球供应链进行资产转移的企业都可以投入到重塑全球商业的进程中来。

供应链领域的机遇是如此的巨大和紧迫，于是我们便将目前的研究成果集合成这个单行本。在书中，我们甚至对本轮全球性危机在公共卫生和经济方面造成的严重危害进行了反思。

我们将德勤咨询公司（Deloitte）对国际贸易的基础性研究放在前面，作为第一章。它探讨区块链将如何完善全球运营。对于银行和金融机构，区块链技术可以简化流程、削减成本和防范欺诈，并且能加速产品创新。公司可以借此获益于更广的资本渠道，更高的供应链可见性，更高的产品质量和更完善的货物溯源系统。像货运代理这类物流企业，在供应链内货物运送状况更透明，在货物接收者的认证机制更完善，以及在储运容量的监控更实时等情况下均可受益。

第一章还介绍了区块链技术给监管机构、保险公司和海关带来的益处。在德勤支付和区块链业务的加拿大负责人苏玛克·查特杰（Soumak Chatterjee）的带领下，其研究团队勾画了大力倡导和发挥区块链技术后未来国际贸易的面貌。这一章给企业领导者具体分析了区块链方面的机遇。

第二章主要讲解了富士康科技集团（Foxconn Technology Group）在区块链重塑全球业务运营方面的试验。富士康集团总部位于台湾，它运营着全球最庞大、最复杂的供应链体系。比特币新闻资源网（CoinDesk）的诺兰·鲍尔雷（Nolan Bauerle）是首位深度解说富士康区块链故事的人。作为区块链领域知名的权威，他详细地讲述了富士康的数据关系套件及其区块链应用的情况。

诺兰介绍了富士康为了在众多合作伙伴、供应商、产品、工厂、工具和客户之间建立起值得信赖的数据关系而部署的先进加密技术和分布式网络。他还探讨了由富士康财务部门推出的旨在解决多项融合问题的支付与供应链管理工具链式金融（Chained Finance）。这应该能帮助相关读者反思自己当前该如何做活国际贸易业务。

第三章深入探讨了信任与验证机制这两个区块链技术所能带来的最重要的益处。钻石行业涉及的巨额资金意味着把基于区块链的方案用于减少欺诈和保护产权的价值非常大。有了它，人们可以对自己所购买宝石的合法性确定无疑，被盗的财产也可以很容易地回到合法所有者手上。

这一章探讨了易葳录（Everledger）是如何解决钻石业的供应链问题的。撰写者数字创业与经济绩效研究中心（DEEP Centre）的安东尼·威廉姆斯（Anthony Williams）阐释了钻石贸易中的信息不透明何以害人不浅，如何使发展中的公司的珍贵资源被掠夺却无法得到合理的索赔。他着重探讨了易葳录如何利用区块链技术服务于所有利益攸关方的共同利益。这应当会启发读者重新审视该如何在资产源流问题上建立起信任与可靠度。

第四章介绍了以区块链为主的各种技术，它们有望在食品安全管控、减少欺诈和小农市场准入等方面实实在在地重塑农业。第一个方面也许是最重要的，因为如果在跨境贸易中不加控制，食源性传染病会对公共卫生和地方经济造成灾难性影响。本章介绍了区块链如何做到对新鲜农产品和肉类进行从农场到餐桌的跟踪。

除了减少不良因素和找出不良参与方之外，区块链和物联网还可以使农业得到显著的发展。第四章的作者，约克大学（York University）的亨利·金（Henry Kim）和马雷克·拉斯科夫斯基（Marek Laskowski），为我们展示了区块链、土壤传感器、卫星监测和无人机是如何提高作物产量并改良作物和土质，如何降低全食品供应链中的浪费，如何把小农和独立农场主带入全球供应链，如何提高本地收成和产能，如何将冗余的供应转移给食物短缺的人群和畜禽等的。

当美国最大的公司开始部署区块链时，我们都该注意了。第五章讲解了沃尔玛（Walmart）如何通过两个试点项目（中国的猪肉和美洲的芒果）来实施食品源流区块链解决方案。本章作者芮施玛·卡玛斯（Reshma Kamath）精彩而详细地介绍了这两种食物从农场到餐桌的历程，以及在这过程中区块链如何从中获取并共享数据。

结合传感器和全球定位系统，区块链可以优化供应线路，提高效率，可以最大限度地避免货物受到影响，可以监测牲畜的身体状况、饲养条件以及食品的储运状况，从而达到提高食品安全性的目的。由于擦伤或损坏的作物会迅速失去价值，因此提高供应链可见性可以改善盈利能力。沃尔玛与 IBM 合作的经验表明，区块链技术提高了整个供应链内数据的准确性、实用性和及时性。一旦发生卫生紧急状况，即时完整的信息便可以帮我们找出问题所在，并对其进行隔离，从而防止单一事件演变为公共卫生危机。

第六章详细介绍了边境管制，这是一个非常重要的研究领域。跨境贸易为全球经济提供了动力，关税也是政府的收入来源，不过跨境运输货物的数量增加，也导致成本的剧增，并且可能降低全球供应链的效率。此外，资金、产品和跨境人员也引发了防务和安全问题，并可能产生法律和费用方面的问题。尽管我们在这一领域采取了一些技术改进，但目前只有区块链才有可能彻底改变海关机构的运作方式。

区块链技术可以更准确地识别资金、商品和人员的来源和身份，从而在提高安全性的同时降低成本并提高处理效率。本章中，世强律师事务所（Steptoe & Johnson）的艾伦·科恩（Alan Cohn）探讨了实现这些目标的最佳方式，美国海关和边检机构目前的相关经验，以及读者在跨境供应链方面应该如何把握区块链。

第七章将多种供应链创新联系到一起：先进的机器人技术（advanced robotics）、增材制造（additive manufacturing，俗称 3D 打印）、增强现实（augmented reality）、人工智能（artificial intelligence）和大数据分析（big data analytics）。分布式账本可以作为开放平台，将这些技术进一步结合到一起，实现从采购到交付的完整供应链端到端的数字融合。

本章还通过各种用例讲解了智能产品、智能工厂和大规模定制的概念。本章作者斯蒂芬·霍普夫（Stefan Hopf）在该领域既是研究人员又是实践者，对制造业当前实施转型的范畴及力度都很了解。为了帮助读者确定哪些区块链应用对他们探索供应链转型最有用，斯蒂芬给读者作了深入的分析并提供了清晰的评估框架。

第八章引导我们对飞机这种极其复杂产品的庞杂供应链进行了解。它集成了来自诸多制造商的数百个组件，并且机主希望飞机可以连续飞 30 年。错误带来的后果是灾难性的——精度、安全性和质量都至关重要。本章详细介绍了穆格公司（Moog）为此付出的努力。穆格是一家精密运动控制产品及系统的全球性的设计制造兼集成商，以超薄的利润率专注地为航空航天业服务。

本章作者维尼特·纳如拉（Vineet Narula）和普雷玛·施里柯

诗纳（Prema Shrikrishna）详细讲解了区块链和增材制造的结合，是如何提高精度和降低养护、库存及运输成本（因为零件可以在现场按需印刷定制而成）的。维尼特和普雷玛还阐述了区块链技术如何帮助我们在高风险低利润行业确保安全，鼓励创新，维护知识产权并增强供应链可见性。拥有宝贵专利和设计的公司，可以学到如何安全地对其进行授权，以及如何在供应链里实现自动授权——这真是棒极了！

第九章是综合性章节。它将前几章所阐述的思想带入到中国“一带一路”的非凡倡议中进行基础性研究。受丝绸之路（Silk Road，古代以中国为始发点，向亚洲中部、西部及非洲、欧洲等地运送丝绸等物的贸易路线之总称。）的启发，这个 21 世纪的宏伟计划力求通过陆路和海路连接亚洲、非洲、欧洲和美洲 150 多个国家，[2] 涉及非常多利益攸关方。

在本章中，普雷玛和维尼特讲述了为共建“一带一路”而组建的“一带一路”区块链联盟（BRBC，Belt and Road Blockchain Consortium）。人们相信区块链，渴望通过它减少业务摩擦，同时提高透明度和信任度。这是事关未来的一个宏大愿景，如果各利益攸关方能做到齐心协力，确认共同利益，了解彼此的关切，在治理网络内协作共事，就必将有助于重塑全球供应链。

本书的一个关键主题是管理。说到管理，我们更侧重管理的职责，而不是政策、法规等。这涵盖了合作，确认共同利益，以及为此所制定的激励措施。在本书中，撰写者从三个层面对管理需求进行探讨：

- 协议/平台（Protocol/platform）
- 应用（Application）
- 生态系统/产业（Ecosystem/industry）

新冠疫情暴发以来，高速发展的全球供应链和高度发达的产业生态系统一时间漏洞百出，但你或许可以从本书中读到希望和启发。分布式账本与物联网、人工智能、机器学习、机器人技术、传感器和全球定位系统相结合，将改变运营、物流、采购和下单、运输、海关、边检、贸易融资和保险、制造、库存管理等方方面面，使整个网络更具适应性，更好地响应需求和危机。这里有供大家与合作者、客户和供应商探讨的各种想法和机会。现在是时候加入区块链革命中来了。

唐·塔普斯科特（Don Tapscott）

目　录

Chapter 1

区块链与国际贸易

在数字时代复兴国际商贸

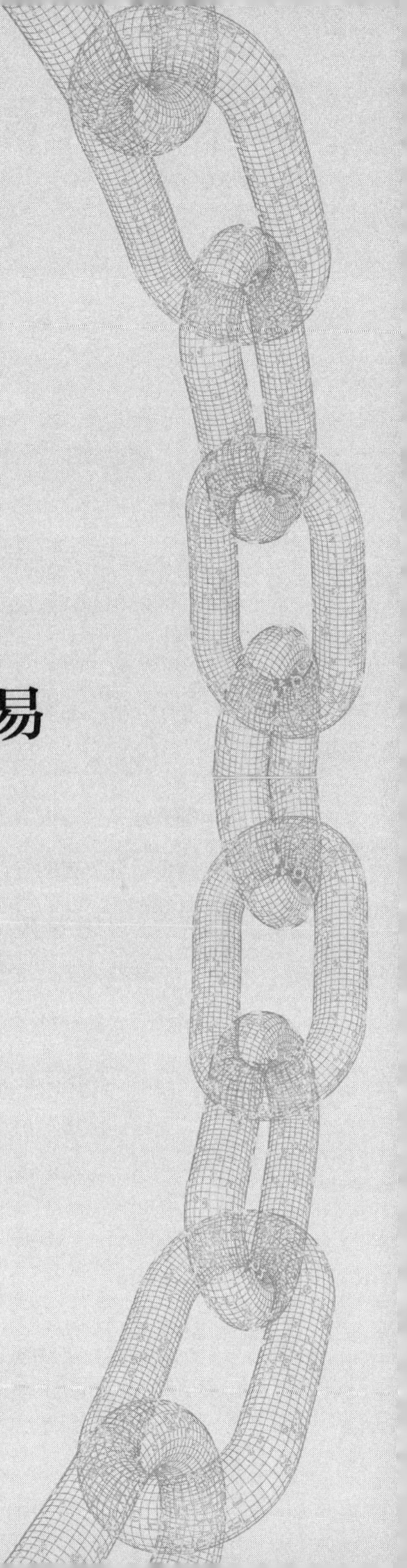

国际贸易概要

经过数千年的发展，国际贸易的复杂程度和规模早已今非昔比，而它的流程却基本没变。在 21 世纪，区块链技术与其他技术结合，可以推动这个行业走向现代化。

全球贸易网络的每一位参与者都有望从区块链衍生出独特的价值；不过，对于平台应用与商业化的成功，最具决定性作用的是协作而不是竞争。

国际贸易的市场动态清楚地表明人们对区块链项目有参与的兴趣，也让人确信区块链是颠覆性的技术。然而，对于原型验证后开辟出的各种道路，人们存在诸多疑问，而关于尚未涉足的道路有何价值，人们更是莫衷一是。

随着区块链趋于成熟，国际贸易开发的各类原型应用得到了验证，各家机构必定要为区块链战略擘画路线图，这需要他们对业务和技术前沿进行审慎的思辨。

这些思辨涵盖了与区块链有关的生态、治理、标准、监管和法律，也包括平台的性能、可伸缩性、互操作性，以及融合等问题。

一、国际贸易：永恒的概念，烦琐的流程

（一）国际贸易的格局

从古至今，国际贸易熙来攘往，穿越国与国的屏障，大陆与大陆间的山海。在最初的时候，跨境贸易主要涉及纺织品、香料、贵重金属、宝石和工艺品之类的货物。通过丝绸之路、香料之路和其他繁多的贸易网络，文明之间交融孕育出各种贸易模式，跟随工业化和全球化的脚步走向繁荣。有例为证，根据世界贸易组织（WTO）的报告，全球仅制成品出口总值便从2006年的8万亿美元增长到了2016年的11万亿美元。[3] 而世贸组织的报告还表明，在同一个十年里全球商业服务出口总值从1.9万亿美元增长到了4.8万亿美元。[4]

尽管国际贸易的通行准则很简单，也没有变过（即将货物和资金从某国的A点发送至另一国的B点），其中的实际操作却已经复杂了很多。相关活动包括为贸易融资，在供应链内对货品进行跟踪和追溯，以及通过查验产品的源流和认证信息对其质量进行验证。

随着全球贸易规模日益扩大，贸易流程日渐繁杂，但仍无法应对与日俱增的贸易量，越来越多的参与者（金融业者、服务于各类市场承担进出口商角色的企业、货运代理商、海关和港务局、监管机构以及保险公司等）更是加剧了贸易流程的复杂程度。

（二）贸易现状充满挑战

在运营方面，全球贸易仍然严重依赖于高成本、不透明、耗时久的流程。文档主要是纸质的，需要人工处理；处理数量惊人的文件是非常劳神的。而多方批准的流程通常会导致延迟。供应链出状况时，能做到追溯的可能性很低：通过质量管理和合规措施是很难找到故障的出处的。跨境订单在检查站核准的过程很难避免欺诈。对于进口商和出口商而言，这种人工操作往往花费不菲。

在财务方面，银行不愿提供深层融资，即为深入到品牌实力最强的公司供应链的上游公司提供融资服务，这降低了进出口商在售前和售后融资的能力。这还会降低其有效执行发票保理业务的能力，这种业务可以使公司在不占用现金的情况下继续经营。人工流程给人们造成的挫败感，在是否将金融服务范围拓展到更小的参与者这一问题上的犹豫不决，都加深了人们对营商环境的不信任。

整个供应链里的各参与方（银行、货运代理、进口商、出口商、海关和港务局以及监管机构）依靠预设的关系来避免这种麻烦。然而，这种缺失信任的环境正是全球贸易适用区块链用例的基础。

二、区块链可以破除障碍

混乱与不协调对在技术创新方面领先的公司而言是习以为常的。最近，一些公司通过在组织内部设计转型计划，寻找更多的创新机会。虽然这些不同领域的项目很大胆，但却往往最终流于失败。[5] 例如，基于特定领域云计算与分析的项目使这些公司意识到，复杂的预测分析功能在没有大数据的情况下几乎毫无价值，反之亦然。

公司需要拓展自己的套件，将数字工具和技术收入囊中。为创造最大价值，颠覆性技术需要相互补充，就像交响乐里的乐器一般。因此，诸如西斯科（Sysco）或沃达丰（Vodafone）之类的集合型企业就精心设计了多项创新计划，以便在各领域的企业战略、技术和运营实现协调。[6] 区块链将会是把全球贸易效率提到全新高度的重要创新。

区块链具有从根本层面开始重新架构体系的潜力，这意味着全球贸易参与者可以用它来重新设计流程，重塑过时的业务模式。他们可以依靠以密码为安全保障的数字记录和以代码实现为基础的业务规则，而不是纸质文件。他们可以使用智能合约（smart contracts，即模拟协议条款跨计算机运行，以共识方式执行的分布式软件应用）来自动执行业务规则和交易条款，即便在互不信任的各方之间也能如此。

区块链还具有通过公钥基础设施（public key infrastructure，一种核验参与者身份和发放访问权限的方式）的应用来保障全球贸易安全的潜力。它可以减少在贸易路线沿途实施核验手续的看门人的数量。它还可以提高数据、资产和文档的不可变更性和可追溯性。为了将区块链的这些优点体现出来，人们正在为全球贸易开发各种用例而努力。

在未来的理想状态下，区块链将有助于优化整个生态系统。这要求各参与方重新评估支撑其各自系统的正统理念。然后，生态系统中各行业各地域的每个人都需要开始端到端的协作。区块链是21世纪全球贸易的关键主题。在数字经济的下一个时代，集合型企业将蓬勃发展，由竞争向合作转型实在是大势所趋。

三、区块链变革全球贸易网络

为了全盘地为国际贸易重新构想，我们需要理解各主要参与方的角色，他们面临的挑战以及在导入区块链方面所遇到的限制。开发具有普适性的区块链解决方案是需要花时间的。因而，我们看到以多元解决方案解决多元需求的价值。随着技术的成熟，实现各个成功计划之间的协同工作将成为事情的关键。

（一）银行和金融机构

银行和金融机构是贸易融资的渠道。通过提供保理和贴现服务以及其他各种金融产品（如信用证、期票、汇票、银行担保和银行保兑），帮助出口商规避拒付风险。银行和金融机构可以为公司参与国际贸易助力。

但是各种人工流程将这些金融机构暴露在欺诈风险之下。例如，2018 年，印度的旁遮普国立银行（India's Punjab National

Bank）爆出18亿美元的欺诈案，一位分行副行长向海外分行虚开保函，从而让这些分行放款给某些珠宝公司。[7] 2008年发生一宗跨大西洋合谋诈骗案，犯罪分子向包括摩根大通（JP Morgan Chase & Co.）在内的多家银行骗取贷款近7亿美元，而后来却发现其申请授信的单据是为虚构金属交易开具的虚假订单和发票。[8]

银行还欠缺在各检查站点之间跟踪货物运输情况和货物状况的工具。它们无法在问题出现时和问题发展到无法纠正之前，对其完成分诊处理，因而必须承担因货物延迟、损坏甚至无法交付等问题造成的相关风险。

资产转移的不透明性进一步妨碍了银行为享受不到充分服务的市场参与者推出创新性贸易融资产品，如为中小企业（SMES，small and medium-sized enterprises）提供深层融资服务，因为它们已经为有良好融资记录的大客户承担了足够的风险。与贸易融资相关的风险，尤其在业务资金成本业已提高的当下，加重了银行应对《巴塞尔协议Ⅲ》（Basel Ⅲ regulation）要求的压力，因为为了合规就必须降低融资负债水平。

区块链可以大幅减少银行的文书工作和人工操作以及交易对账方面的工作量。贸易融资流程的数字化可以将运营与合规成本降低10%—15%。[9] 参与方通过共享的区块链基础设施，可以使采购订单和发票核对过程自动化。

区块链还可以让银行有能力为尚未享受充分服务的市场（如融

资历史不足的中小企业）提供服务。国际商会（International Chamber of Commerce）在其 2016 年的《全球贸易融资调查报告》（*Global Survey on Trade Finance*）中指出，尽管中小企业提请的贸易融资要约仅占所有贸易融资要约的 44%，但 58%的被拒贸易融资要约来自中小企业。[10] 凭借在资产追踪方面的更高透明度，区块链可以让银行具备更强的风险评估能力，承接中小型企业等新客户群，并通过更具创新性的项目推出更多信贷产品。

虽然区块链将颠覆贸易融资的现状，但只有业务各核心要素准备接纳它时，它才能带来附加值。例如，区块链可以对银行现有技术进行扩展、增强和补充（但不能完全将其取代）。

表 1－1 银行和金融机构

当前流程面临的挑战	◇ 人工流程，纸质文档 ◇ 欺诈概率高 ◇ 难以实施资产追踪 ◇ 创新性贸易融资产品欠缺 ◇ 要应对《巴塞尔协定Ⅲ》，降低贸易融资负债的压力居高不下
与这些价值特征一致的各种需求	◇ 数字化流程和文档 ◇ 流程简化，成本降低 ◇ 用不可变更的账本保存和分享记录 ◇ 几近实时的取证分析 ◇ 给未享受充分服务的细分市场提供创新性产品
引入区块链所需进行的考量	◇ 跨司法管辖区的支持问题 ◇ 数据隔离与专有数据隐私保护 ◇ 与既有信息技术融合 ◇ 实施符合“充分了解你的客户”（KYC）和“反洗钱”（AML）原则的数字身份网络

（二）公司

公司作为进出口主体，通过货物的供需维持着国际贸易的运转。从贸易融资到供应链跟踪与追溯，再到产品源流和品质，公司在全球贸易活动的每个环节都发挥着至关重要的作用。

如今，公司还依靠迟缓的人工纸质流程参与国际贸易。他们对货物流动情况的了解通常很有限。他们跟踪资产方面的能力欠缺，也很难发现和解决产品质量、物流或运输方面出现的问题。由于对承包商零件供应情况的不了解，波音（Boeing）将其 787 梦想客机的生产推迟了 6 个月，因而长达数年的交付排期规划也必须往后顺延。[11] 在宣布首次延误交期后，波音的股价便下跌了 2.7%。

根据世界贸易组织的说法，由于监管机构要求金融业者最大程度地降低利润并承担更低的贸易融资负债，争取贸易融资的竞争也日益激烈起来。中小出口商所面临的便是贸易融资渠道匮乏。由于对货物流动状况的了解有限，进口商最终需要支付高额保险费，以抵消金融机构认定的欺诈和交货失约风险。

区块链让交易透明化。对于国际贸易用例而言，这一属性赋予了供应链可见性。有了这种可见性，银行和金融机构就能够更好地计算相关风险，从而为较小的公司提供融资，而这些公司也将更容易获取贸易融资产品。美国初创公司 Wave 证明，使用分布式账本技术（DLT，distributed ledger technology）可以将贸易操作时间从

20天缩减为几个小时。[12] 这种简化的流程可以实现当日付款，不仅让出口商受益，也让进口商和银行得到了好处。在网络中应用区块链将为贸易金融产品开拓更广阔的市场。随着越来越多的银行和金融机构愿意并且有能力针对企业推出多样化的产品，企业便有机会获得具有竞争力的金融产品报价。

公司还可以用物联网技术（IoT，Internet of Things）对其产品在运输和仓储过程中的状态数据进行采集，并保存到区块链上。公司可以根据传感器采集的数据提高认识，从而优化产品质量，加强产品源流和认证管理，优化运输状况，以及提高其他方面的运营效率。2015年的最后一个季度，由于爆出食品成分中含有大肠杆菌，Chipotle（墨式风味快餐）的利润较上年同期下降了44%。通过改善供应链的可追溯性和使用物联网传感器，餐馆是可以避免食品污染影响的。[13]

各家公司还得注意在区块链上共享数据的方法，尤其是在共享专有信息方面。需要确定哪些贸易伙伴应有权访问哪些信息。例如，如果公司出口易变质货物而采用传感器对其质量进行跟踪，那么它就可以授予某些贸易伙伴查看传感器数据的权限。

企业还需要考虑如何将其现有的信息技术基础架构与他们希望实现的区块链解决方案进行结合。如果新技术孤立于ERP软件而存在，那么公司将无法实现区块链在国际贸易的某些方面应能实现的运营效率。如果ERP软件无法访问存储在区块链上的文档，那么用户就不得不投入双倍精力去录入文档。

表1-2 公司

当前流程面临的挑战	◇ 依赖纸质流程，费人工，费时间，费资金 ◇ 由于供应链流程各环节和货物流动状况不透明，导致资产跟踪难以实施 ◇ 交易纠纷（如，给出口商的付款延迟或跳票，以及给进口商的交付延迟或无法交付） ◇ 寻求出口的中小企业和寻求创新性产品的进口商都遭遇贸易融资障碍
与这些价值特征一致的各种需求	◇ 改善通过售前售后融资、发票保理及其他贸易融资产品获得资金的途径 ◇ 实现供应链可追溯性和为深层交易提供贸易融资 ◇ 通过文档数字化以及在不可变更账本上保存和分享记录，实现流程的简化 ◇ 通过传感器采集数据并在区块链上分享，提高相关认识，提升产品质量，完善货品源流管理
引入区块链所需进行的考量	◇ 定义数据隔离和专有数据隐私保护的方式，确认在区块链上哪些信息可以分享，哪些不能分享 ◇ 与当前业务运营至关重要的既有信息技术融合，使其与新的区块链技术同步 ◇ 通过港务局和海关的敦促实现更密切合作，发挥区块链的优势，从而可靠地预测相关处理时间 ◇ 在事关进出口商成本和特定业务价值的各关键环节，如何使使用更简便

（三）货运代理和承运商

货运代理和承运商通过在供应链中管理货物的物流，在国际贸易中起着至关重要的纽带作用。货运代理负责安排货物在其始发地与目的地之间的行程，而承运商负责执行该行程。

货运代理和承运商像其他贸易参与方一样，依赖纸质流程，他们与多数合作伙伴之间的交互也是依靠人工（而非自动）来实现的。通过一项对货运和物流现状的研究，欧洲议会发现，由于缺乏数字技术，货运代理会产生一些非关键费用，如超额运费。海运行业每年在发票和付款处理方面的成本估计高达 344 亿美元。[14]

货运代理在转移资产方面的可见性有限；缺乏可见性降低了利润率，也增加了保费支出。资产追踪方面的困难给制药业带来了很高的风险：国际刑警组织（INTERPOL）发现，系统显示每年约有 100 万人死于假药。[15] 货运公司希望防范货物失窃，当前的系统依赖于人工验证，因此未经授权的人可以溜进来把货物顺走。2017 年，加拿大的货物失窃金额总计达到 3 560 万加元，比上一年增加了 9%。[16]

区块链可以实现贸易文档（如采购订单和提货单）的数字化处理，可以实现贸易文件近乎实时的共享和验证，还有助于简化资产跟踪流程，为货运代理提供前所未有的可见性。敦豪快递（DHL）和埃森哲（Accenture）正在开发基于区块链的编码序列化项目，以打击制造和售卖假药的问题。该解决方案将提供先进的跟踪能力，以显示药品是否来自合法制造商，以及从源头到消费者的各个环节是否处置得当。贸易文档的数字化处理将有助于缩短操作时间，简化付款流程，提高贸易参与方之间的交流频率。我们可以将文档数字化与数字身份相匹配，用以降低货运失窃的风险。利用数字身份对索赔的收货方进行身份验证将提高现有验证流程的安全级别。

货运代理和承运商还可以发挥物联网技术的作用，并用区块链来管理传感器采集来的数据。譬如，通过卡车和货船里的物联网传感器对容积进行监测，从而迅速而准确地根据容积确定货运成本。物联网传感器还可以根据产品属性和参数对产品质量进行跟踪，此类数据可以保存在区块链上，然后传递给关心质保实施的各参与方。

在采用区块链技术之前，货运代理和承运商需要确认其文档数字化的标准。他们必须在货物跨境环节或在多个司法管辖区的交付环节中，能够证明所提供文档具有合法性。标准制定通常涉及与国际贸易各利益攸关方进行广泛磋商与讨论，以便在提交数字化文档时各方都会认同。由 IBM 牵头的一个贸易融资项目获得了迪拜政府部门、迪拜海关以及综合电子服务商——迪拜贸易（Dubai Trade）的支持。在迪拜的支持下，IBM 得以邀请到不同的各参与方，阿联酋国民银行（Emirates NBD Bank）、西班牙国际银行（Banco Santander）、货运公司 Aramex、阿联酋电信服务商 Du 和一家航空公司，来参与这个项目，并演示如何在贸易融资中使用分布式账本和智能合约技术。

货运承运商还需要考量如何与人共享数据以及与谁共享数据，以及他们需要为区块链解决方案匹配何种权限，用以维护数据的完整性。用物联网传感器采集在途货物的专有数据日益普遍，而货运代理和承运商对这些数据负有责任，如何发放许可变得尤为重要。

表 1-3 货运代理与承运商

当前流程面临的挑战	◇ 全供应链中各合作方交互协同，都依赖纸质流程和人工沟通 ◇ 技术欠缺造成非关键成本，如超额运费 ◇ 由于供应链各环节和货物流动各环节的不透明，导致资产跟踪困难 ◇ 由于对收货方进行验证和核验要依赖人工流程，存在货物失窃的潜在风险
与这些价值特征一致的各种需求	◇ 实现对货物在供应链中流动的各环节的可见性，使决策更有依据 ◇ 通过文档数字化，缩短处理时间，加速回款 ◇ 通过数字身份验证调整对收货方的核验过程，降低货物失窃风险 ◇ 通过将传感器采集的数据写入区块链中，实现对运力或仓容的实时监测
引入区块链所需进行的考量	◇ 处理数字化文档时，如何让多个司法管辖区同时认可智能合约的合法性 ◇ 数据隐私保护与许可，尤其是用传感器实时跟踪所获得的客户产品属性的数据 ◇ 在诸如成本和特定业务价值管理等关键环节，如何使使用更简便

（四）海关和港务局

海关和港务局批准并处理运输中的货物转运事项。与转运同时发生的，是对有关货物的始发地、目的地以及所到之处的物流和监管数据的逐层梳理。

在货运供应链中，有很多利益攸关方，他们都有自己的一套平台和方法。同一份文档的多个版本可能会让最终用户崩溃，尤其是当他们需要在多处输入同一组数据时。这种情况为供应链内的欺诈和恶意行为提供了可能性。当局何以根据未经充分处理的文档，盖章批准货物入境呢？

2017年，欧洲反欺诈办公室进行的一项调查显示，由于申报货值偏低，英国海关在纺织品和鞋袜产品这两个类目上便损失了约19亿欧元。[17] 偷逃关税的行为也让沙特阿拉伯海关损失了将近3 000万美元的关税收入。[18] 海关清关等许多流程仍依赖人工操作和纸质文档来完成。光是中介机构对合同结算所需文件进行监控就可以花上几个小时。而这些流程就容易出现人为差错。

通过将贸易文档数字化并将其保存在分布式账本里，港务局和海关可以实时访问并深入了解关税代码、类目数据、原产地信息、进出口证书、报关价值和清关状况。区块链上的数字化贸易文档可以降低运营成本，并减少当前以贸易促进与海关执法为目的的纸质文档人工处理的工作量。

区块链的资产跟踪功能，还可以为海关和港务局提供更高的有关物流实际状况的可见性，提高其预判能力，以便更好地规划需求，提高运营效率。

当前，大多数港务局主要通过名为港口社区系统（PCS，port community systems）的电子平台与政府机构和企业等供应链参与方建立联系。PCS提供运输基础设施管理。在某些技术最先进的贸易社区，PCS已分别与“海运单一窗口”系统和“贸易单一窗口”系统对接，以实现运输和贸易两方面的合规处理。为了实现区块链对港务和关务价值的最大化，任何基于区块链的平台都必须能够与这些系统进行沟通。

表1-4 海关和港务局

当前流程面临的挑战	◇ 在多个平台重复录入同一文档，可能导致相同数据以不同版本在各处出现 ◇ 严重依赖纸质流程和反复与终端协调造成集装箱检验效率低下 ◇ 由于高度依赖人工流程产生漏洞，使得假冒货品乘虚而入 ◇ 容易受人为操作失误影响且处理速度低下，可预见性差，成本效益低
与这些价值特征一致的各种需求	◇ 以单一信源为依托，实现数据准确和实时透明访问 ◇ 提高有关企业和货物承运商的数据质量，实现可靠的分析和更新的认知 ◇ 简化处理，让流程更快捷、更经济和更加数字化
引入区块链所需进行的考量	◇ 如何与港口社区系统集成，防止在现有方法和区块链应用之间出现流程重复 ◇ 处理数字化文档时，如何支持智能合约在多个司法管辖区内实现互认

（五）监管机构

监管机构确保贸易融资操作规范，并验证进出口商品的真实性。监管机构在各个层面上运作。在国际层面，世界贸易组织管理世界贸易协定与谈判并对各国的贸易政策进行监督。同时，各国都有自己的政府部门甚至地区机构，负责监督与贸易相关的活动。他们与银行和金融机构合作，共同落实有关“反洗钱”和“充分了解你的客户”（AML/KYC——anti-money laundering/know-your-customer）的要求以及其他行业的反恐措施，并与海关当局确认贸易所涉物资的合法性。

但是由于交易依赖纸质流程，这种监督面临挑战。在2004年1月至2009年5月间，依托贸易发生的洗钱总金额超过2 760亿美元。[19] 据全球金融诚信组织（Global Financial Integrity）估计，2005年至2014年间，发展中和新兴经济体贸易总额的14%至24%来自非法流入和流出，涉及商品的价格、数量或质量的虚假陈述。[20]

为了审查交易文档，银行雇用了庞大的文档核验团队，他们在字里行间，标出不一致和遗漏疏忽的内容，以及与银行内部政策、国家和港口的相关禁令相左的内容。这些团队还根据跟单信用证统一惯例（UCP，Uniform Customs and Practice for Documentary Credits）和国际商会的国际标准银行业务惯例（International Chamber of Commerce’s International Standard Banking Practice），检查文档是否符合国际贸易准则和禁运规定。但是，密集且高度依赖人工的文档核验过程让不法分子有机可乘。

监管机构可能从区块链获得的最重要的价值便是实现对国际贸易流程的直接监督。区块链的透明性可以让监管机构以近乎实时的方式直接、即时和全面地了解与资产转让相关的手续交易。监管机构可以更好地分析系统性风险，并对信用评级信息予以完善。

法链（RegChain）是爱尔兰银行（Bank of Ireland）与德勤爱尔兰（Deloitte Ireland）合作开发的一个概念验证项目（POC），它展示了事关全球资产和基金管理的用例。其目的是创建一个汇报实体和监管机构均可访问的监管汇报平台。通过概念验证项目，他们发现区块链在管理法规变更请求和应对进一步汇报及新汇报要求方面能够发挥作用。在区块链内，监管机构在平台上更改一次代码，即可将它通过网络推送给所有参与方，而传统方式恰恰相反，在那种情况下，每家机构都需通过自己的内部操作来完成对变更请求的管理。

中央个人资料库（KYC Utilites）通过实施区块链提高了 KYC 数据存储的安全性，可以为代理银行省去进行重复调查所需的时间。根据 KYC 的规定，以区块链上的数字身份来识别客户和法人效果更好。区块链还可以让参与方更遵守反洗钱方面的规定，使监管机构受益。例如，在智能合约中，供货方可以对规则进行硬编码，这样的话，在贸易被禁运时它就会触发禁运风险警报，以告知合约方。

为了让基于区块链的解决方案响应法规变更，对硬编码的解锁实施管理，监管机构需要在多方参与的区块链实践中发挥积极作用。这意味着它要与国际贸易的其他利益攸关方，尤其是银行和金融机构合作，开发出能让监管机构对交易数据进行直接监督的解决方案。

表 1-5 监管机构

当前流程面临的挑战	◇ 对纸质文档进行人工检查和验证既耗时间又耗资源 ◇ 因为国际贸易流程还以纸质流程为主导的特点，规则变更传达和采纳的速度很慢 ◇ 落实合规性必定造成数据访问迟缓
与这些价值特征一致的各种需求	◇ 通过智能合约，对规则进行编码将更容易，它可以减少依赖独立的协议变更，简化规则采纳的流程 ◇ 通过数字身份和中央个人资料库，更快地识别客户和法人以符合有关 KYC 的规定 ◇ 通过对存在风险的交易自动触发预警，提高反洗钱的合规水准
引入区块链所需进行的考量	◇ 与国际贸易网络里的其他参与方达成战略合作伙伴关系，共同创造具有变革性的区块链解决方案

（六）保险公司

保险公司在国际贸易中无所不在。在熙来攘往的活动中，进出口商们有各种需要投保的理由。首先，他们可能要确保货物在储运过程中不被损坏。出口商可能会担心货款跳票的风险，对新客户的信用会存在顾虑，担心产品被视为不合格而遭遇退货，为相关诉讼而忧虑，等等。相反，进口商可能担忧出口商供应的货物无法满足需求，忧心货运延迟（如在港口或海关发生延滞），为进口货物关税的支付费心，操心货物在保税仓库中的存储情况，还要担心产品的性能和质量问题。考虑到跨境贸易端到端的整个周期，进出口商还需要保护自己免受汇率波动的影响。

即便投保的理由很有说服力，整个供应链里的进出口商仍然无法直接获得保险。他们通过联络专业经纪人来为产品投保。然而，国际贸易中多数保险是发生在保险公司与银行之间（适用于贸易融资）或保险公司与货运公司之间（适用于跟踪和追溯），并基于此而衍生扩展的。

在保险公司支付索赔款之前，他们必须经过冗长的索赔管理流程，其间要对同一信息的多个版本（分别记录在客户、经纪公司、再保险商、承销商和索赔经理准备的文档中）进行核对。文档核对过程非常费时费钱。这种不确定性常常使保险人和索赔人之间的争端解决变得混乱不堪。索赔流程有时需要耗费数年的时间。

在某些索赔申请中，供应链内不同参与方投保的保险公司也各不相同，当货物在产销监管链中某处受损或毁坏时，要评估由哪家保险公司承担风险是很难的。保险公司通常会根据其可获得的信息，以最大风险而非实际风险来计算其承担额外风险所需收取的费用。

相较于纸质流程，基于区块链的流程防篡改性更强。借助区块链，缺乏互信的参与方之间能够在不可变更的原则下有效地对信息和文档进行分享。各方都匿名参与单一信源。区块链省却了烦冗的文件核对流程，使理赔管理免于拖沓。区块链还可以为保险公司提供更有效地解决同业纠纷的方案：通过资产跟踪提高供应链的可见度，有助于查明哪家保险公司担负风险以及何时担负。保险公司将能够接近实时地对其担负的风险和责任进行跟踪。

保险公司还可以通过交叉使用物联网和区块链来考察索赔申请。通过使用传感器采集货物的实时数据（诸如位置、集装箱温度及其他属性），保险公司可以更好地为客户提供量身定制的创新产品。他们可以通过区块链共享这些数据，并利用它们按需求情况为细分市场提供产品。同样，将物联网传感器技术和区块链搭配使用，保险公司得以根据实际货物量而非货物所在集装箱或仓库的最大容积来计算保额。

保险公司需要考虑的约束条件与银行和金融机构所面对的约束条件相同。智能合约的合法性对于保险公司而言相当重要，在需要多方对配套合同文件达成一致意见的索赔管理流程里尤其如此。

表 1-6　保险公司

当前流程面临的挑战	◇ 烦冗的索赔管理流程，需要核对多方提供的配套合同文件 ◇ 不确定性使索赔流程复杂而漫长 ◇ 保险公司根据广义数据而非客户具体的数据，以担负风险的最大值而非实际风险值来确定保费
与这些价值特征一致的各种需求	◇ 用区块链和数字化文档防篡改和时间戳的特性实现单一信源 ◇ 供应链和相关产销监管链的可见性，为解决纠纷提供了法律上的确定性 ◇ 通过使用传感器采集的丰富数据和上（区块）链分享，获得提供精确且具有针对性产品的能力
引入区块链所需进行的考量	◇ 处理数字化文档时，如何让多个司法管辖区同时认可智能合约的合法性 ◇ 对专有数据，需要定义数据隔离和隐私保护的规则，让各方清楚哪些可以在区块链上分享，哪些不能分享 ◇ 与业务运营相关的既有信息技术系统需要和新的区块链系统的运行同步 ◇ 部署强大的数字身份识别网络，实现全市场交易的 AML/KYC 合规操作

四、当前的倡议和诉求

国际贸易网络里的参与方意识到了区块链的力量，其中一些已经开始采取行动落实自己有关区块链的想法。他们的行动与三大支柱活动（贸易融资、供应链跟踪与追溯和产品认证与源流）是一致的。为了预测区块链可以在国际贸易哪些领域发挥作用，让我们看一下当前的格局变化，并指出前进的道路。

（一）当前贸易中的区块链活动

1. 案例研究：香港金管局贸易融资

德勤中国合伙人兼金融科技业务负责人冼君行博士（Dr. Paul Sin）说："由于缺乏信任和潜在的欺诈性损失，香港将近一半的贸易交易无法获得融资。"[21] 2017 年，香港的商品贸易总额刚刚超过 1 万亿美元。香港还管理着中国内地对外贸易的很大一部分。因此，那里未获充分金融服务的贸易的交易市场空间仍相当大。[22] 以维护香港国际金融中心的地位为己任的香港金融管理局（HKMA）了解到状况后，意识到这是创新贸易融资的契机。

2017 年，德勤中国（Deloitte China）与香港金管局和香港五家重要的银行达成合作，一起确认和阐述可以在贸易融资中采用的区块链解决方案，并着手实施。这个概念验证项目为他们赢得了基于运营效率的独特市场优势，以克服以下挑战：各方之间缺乏信任，商品来源不可靠和不规范且繁杂的纸质流程。通过发挥区块链的分布式数据的作用，这个概念验证项目要达到以下主要目标：

🔗 通过与所有贸易参与方分享每笔交易的状态，证明所有贸易文档（如采购订单、提货单和发票）的真实性。

🔗 通过创建重复融资警报机制来减少欺诈损失。

🔗 通过用智能合约实现自动选择，最大限度地减少发票对账的人工操作流程。

🔗 通过特许数据授权访问机制，保护客户隐私和专有业务信息免受网络中其他参与方侵害。

概念验证项目的成功使得香港金管局与新加坡金融管理局和阿布扎比金融服务监管局又达成了一项合作，目标是落实如何用区块链实现跨司法管辖区的贸易融资。[23]

2. 案例研究：众汇（we. trade）交易平台

众汇是服务中小企业间的国际贸易平台，由 9 家欧洲银行（汇丰银行、法国外贸银行、北欧联合银行、荷兰合作银行、德意志银行、比利时联合银行、桑坦德银行、法国兴业银行和裕信银行）合资组建，前身为数字贸易链（Digital Trade Chain），由 IBM 提供技术支持。

中小企业通过平台相互联络并订购商品，由它们各自的开户银行提供融资。货运公司和货运代理、监管机构、保险公司和其他第三方通过开放式应用程序编程接口（APIs）相互连接。各方均可以通过网站和手机应用程序查看交易活动。众汇的目标是成为用户友好型平台，每周 7 天，每天 24 小时可用。

合资企业可以在平台上迅速实现交付，这种快节奏要归功于其聚焦的业务范围：通过选择专注于中小企业和它们已有的合作银行，众汇能够创建与满足客户需求的解决方案而不至于在复杂的流程中迷失。这种方法使它能够快速进行原型设计，并在 2018 年夏初开始交易，然后把其他用例考虑进来从而实现扩大升级。自成立以来，西班牙储蓄银行（Caixa Bank）、希腊欧洲银行（Euro Bank）、奥地利第一储蓄银行（Erste Group Bank）和瑞银集团（UBS）也已作为银行合作伙伴加入。现在，它正为 426 家快递公司提供跟踪和追溯服务。[24]

德意志银行（Deutsche Bank）颠覆性技术及解决方案全球负责人罗伯托·曼科尼（Roberto Mancone）说："之后，客户可能会开始针对可靠性、交付及时性和付款及时性相互作出评价。"[25] 同样，法国兴业银行（Société Générale）产品管理与贸易服务的全球负责人安妮·高格（Anne Gorge）暗示，众汇正在集成了实体供应链的平台应用上探索如何提供售前融资服务。[26]

3. 案例研究：马士基与 IBM 合作简化航运

2017 年 7 月，航运业巨头马士基（Maersk）刚刚从声名狼藉的 NotPetya 勒索软件事件中恢复过来。10 天时间里，公司重装了

4 000 多台服务器、4.5 万台个人计算机和 2 500 个应用程序。[27] 实际上，马士基 IT 工作人员的任务相当于从头开始安装一套新的基础设施。在那 10 天里，马士基不得不在没有任何 IT 技术支持的情况下运转。

无论如何，它设法在这种条件下完成了全部运输量的 80%，节奏相当于每 15 分钟处理一艘承载 2 万个货柜的集装箱船入港。[28] 马士基在如此严酷的风暴中继续航行，证明了它强大的承受能力。在调研维护交易安全的技术方面，马士基的行动也异常迅速。

勒索软件攻击事件后仅 6 个月，马士基便与 IBM 宣布计划组建合资企业。两家公司于 2016 年便开始合作推出了一个区块链平台，邀请了陶氏化学（Dow Chemical）、杜邦（DuPont）、利乐（Tetra Pak）、休斯敦（Port Houston）、鹿特丹港口社区系统（Rotterdam Port Community System）、荷兰海关总署（Customs Administration of the Netherlands）和美国海关与边境保护局（US Customs and Border Protection）等进行国际层面的试点。[29] 该平台是基于 IBM Cloud 的超级账本（Hyperledger Fabric 1.0）和 IBM 区块链技术构建的。

马士基和 IBM 引用世界经济论坛（World Economic Forum）的话断言，仅仅通过减少供应链中的壁垒，全球贸易总额就有望增长 15%。[30] 两家公司以简化货运代理流程为目的，选择搭建两项核心能力：

🔗 搭建运输信息管道，在供应链内提供端到端可见性，让各参与方能近乎实时地交换货运相关事件信息。

🔗 使手工文书工作自动化的无纸化贸易，降低清关和货物运输的时间和财务成本。

越来越多的跨国公司开始签约使用马士基-IBM 平台。通用汽车（General Motors）和宝洁公司（Procter & Gamble）希望利用这一平台来简化他们复杂的供应链。而亚致力物流（Agility Logistics）则希望在平台上提供优化的清关代理及其他客户服务。一些海关和政府机构（例如秘鲁海关和新加坡海关）以及全球性的码头运营商（如马士基码头公司和新加坡国际港务集团发掘）也将与该平台合作以促进贸易流通。

（二）区块链在国际贸易中的潜能有待发掘

各种服务于国际贸易的区块链应用应运而生，国际贸易领域的领导者必须意识到，对系统做数字强化会怎样反映在价值创造层面。领先的公司正在关键垂直领域的孤岛试点区块链项目。表 1-7 描绘出一条价值链，用以说明在国际贸易中区块链创新的进程。其中，一些功能（如文档数字化和产品跟踪）相对于其他功能（如符合 AML/KYC 的数字身份）更受关注。但该行业仍有很多领域有待挖掘。

表1-7　价值链内区块链活动的层次

	发育初期		活跃期		旺盛期	
合作伙伴就位	了解客户要求	反洗钱相关要求	客户注册			
交易管理	支付跟踪	发票管理	采购订单管理	海关验证	货代处理相关文档	产品质量核验
贸易融资	保理与承兑	深层融资（第二、第三层）	售前融资	售后融资	信用证、汇票	
运营	后台运营	网络互操作性	付款			
支持性服务	关务代理	保险				

某些用例优先是有其合理性的。纸质流程在全球贸易中普遍存在，其烦冗、拖沓、耗时、费钱的特点都是人尽皆知的。纸质文档路径最真实的一面莫过于难以追溯。以文档数字化开始是有道理的，因为它并不是在炒冷饭，而是让抓取和分享相同信息的操作更有效、更安全。不过，随着平台趋于成熟，它可以在价值链中的其他方面发挥区块链的作用。

例如，一旦诸如信用证之类的文档数字化的能力得到充分验证，下一个值得探讨的用例就可能是售前或售后融资（银行和金融机构有时认为这类业务参与风险太大）。区块链通过使银行和金融业者具备深入了解供应链各个层次的能力来降低部分风险。售前和售后融资用例可能会破坏现状，不过由于银行和金融机构已经采用区块链平台对文档进行数字化处理，他们对这项技术的接受程度已经提高了。在适应了新常态的情况下再去开展售前或售后融资业务就不会造成那么大的破坏性。这种对用例进行优先级排序的方法类似于剥洋葱：从最容易的外层开始，然后逐步深入。

五、迈向未来的旅程

在未来的理想状态下，区块链将成为企业数字工具箱中不可或缺的一部分。区块链将组织、行业和技术联系到一起，产生一种达到效率新高度的协作方法，培育出一种新的经济形态，在这种形态里，集合型企业将不再鲜见。通往未来的旅程已经开始，现在的关键就是驱车向前。

随着国际贸易链中的各参与方陆续接纳区块链技术，并为熟练把握新的企业数字沟通范式做准备，为了实现应用区块链的目标，领导者有必要创建并践行相关路线图：

- 考虑“我们”而不是“我”，专注于贸易网络成员之间共同的问题。

🔗 倡导新观点并重视新产品的潜力，打破当前的正统观念。

🔗 在市场（包括法律和监管机构）中找到最小可行生态系统（MVE，minimum viable ecosystem）。

🔗 定义在努力方向上起指导作用的治理结构和运营模型。

- 定义并组建技术委员会以支持平台、系统、实用程序和工具等的选择。
- 定义执行委员会的投票机制，如执委一人一票。
- 定义并组建执行委员会以确定和激活用例。

🔗 激活用例，完成区块链的开发和实施。

🔗 咨询课题专家和顾问，为方案构建集思广益。

🔗 构建解决方案并将其与企业既有技术框架进行集成。

🔗 部署解决方案并从以下几方面考虑如何做得更快捷：发现、设计、构建和发布。

🔗 根据业务价值框架进行衡量，以验证解决方案的有效性。

🔗 收集反馈并制定迈向规模化的路线图；对 MVE 进行评估、反思和扩展。

🔗 确定补充用例并将其搭建在解决方案的基础上。

遵循这样的路线图，决策者可以拥有运营和成本效率之外的新优势。他们将超越现有的上（区块）链式处理的线性过渡状态。区块链的应用，使企业领导者可以自由地进行创新思考，探索传统市场之外的空间，应对未服务市场需求（例如，深层融资和中小企业融资）以增加收入。一旦完成全面的评估，领导者就可以锁定机遇，并提出相应的业务案例。

业务案例仅仅是个开始。通过业务，领导者需要确保其区块链不仅有价值，而且从根本上可行。如果业务案例解答的是对象和目的，那么现在要解答的则是时间和程序，而下一个要解答的则是“由谁来做”“在哪里做”，最重要的是“如何做”，即：生态系统最初该如何发展？用哪种技术架构来支持区块链解决方案？以哪些标准和法律法规来约束和指导这一过程？合作伙伴如何一起决策？回答所有这些问题对于项目实施至关重要。

六、有关赋能的考量

当领导者开始为国际贸易用例开启区块链之旅时，他们需要在商业和技术方面作一番考量。

（一）商业考量

从业务的角度来看，领导者需要考虑来自不同行业的参与方如何一起塑造未来。什么是项目开发的最小可行生态系统？我们可以运用哪些治理结构和运营模式？我们可以如何制定或影响标准和法律法规的制定？

1. 最小可行生态系统

“德勤洞见”（Deloitte Insights）在《2018 年技术趋势报告》（*Tech Trends 2018*）中对最小可行生态系统作了说明。最小可行生态系统是，为了实现商业化战略，企业或联盟汇集市场参与方和业务合作伙伴而形成的网络。[31] 要开发或采用商业级别的区块链解决方案，领导者需要考虑清楚有关最小可行生态系统的问题。区块链的核心是鼓励在竞争中协作，但是在生态系统中的不同合作伙伴仍然扮演着不同的角色，这要求商业上可行的区块链解决方案对价值链上的所有参与者有意义。

对于国际贸易方面的用例，最小可行生态系统可能包括金融机构、货运代理人和公司以及监管机构等相关机构。一旦企业或联盟定义并组织起最小可行的生态系统，项目负责人便可以转向解决方案的可扩展性，并考虑对增长至关重要的治理类型。

管理区块链项目生态系统的关键策略是从小处开始，然后逐步开枝散叶。由于不存在单一的区块链解决方案管理整个全球贸易的可能，在行业内这个临界数量的多少将主要取决于实现多条链上的互操作性，因此最务实的区块链招募方法，是只招募那些展示并激活解决方案所必须招募的参与方。通过每次验证迭代，最小可行生态系统的成长将变得更加容易，风险也变得更低。

2. 治理

随着区块链项目从探索性开发向商业上可行的水平进化，企业或联盟会希望确定相关治理规范。随着企业层面对区块链认可程度的慢慢提高，以及大量成功原型的证明，想朝商业化发展的联盟必须做好应对前方标准化问题的准备。事实证明，建立明确的共识形成机制至关重要，因为标准制定将涉及政治导向，跨境贸易尤其如此。

为了确保参与各方沟通的准确性和彼此间的互信，联盟应牢固地树立起一种治理模式，模式主要分为三类：工作组（the working group）模式，合资企业（the joint venture）模式，以及法定组织（the statutory organization）模式。[32]

工作组虽然不是法律实体，但作为一种组织形态，它要求成员以共识的方式形成决策。此模式在联盟开发初始概念验证项目和原型开发时很受欢迎。在工作组模式中，所有成员都有平等的发言权，并且没有中央参与方来管理新参与方入局问题。在工作组中，参与成员贡献资源以推动实现共同目标。在谈判和决策时每个成员都有发言权。

工作组有一定的好处，因为通过资金集中和风险与责任共担，成员们可以一起迅速地把规模做大。但是，工作组模式具有两个潜在的缺点：它会减缓成员间就决策达成共识的速度，而成员中激励机制的不对等也会妨碍项目的发展。由于这些原因，工作组模式最初可以证明是有效的，但不太适合区块链项目走向商业化。

合资企业是一个自主的法人实体，它开发并完全拥有区块链平台以及任何其他相关知识产权。合资企业由创始成员等额出资组建，其任务是通过成熟的平台为运营各自节点的参与方提供应用设施。在此模式下，虽然创始成员拥有核心利益攸关方的身份，但合资企业拥有独立的管理团队和技术架构。由于合资企业由创始成员等额出资组建，因此，财务、技术和监管方面的成本以及任何风险或收入也是等额分担和等额分配的。

由于合资企业具有很高的独立性，因此潜在的风险有所抵消。创始成员在平台建好之前就已经同意使用该平台（即平台不会以孤立的方式来构建），因而降低了项目失败的风险。合资企业内部在成本方面具有天然的透明性和问责机制。作为一个独立的法律实体，合资企业可以快速作出决策，可以在关键决策上迅速达成共识，并且可以防止决策偏向任一创始成员。由于合资企业拥有充分的自主权，因此其管理团队可以推动形成单一且统一的流程，推动核心利益攸关方或创始成员之间达成共识。这种模式的缺点是对无法提供等额资金或承担相同风险的较小参与方而言，存在参与壁垒。

第三种模式是法定组织，其运作和筹资主要由监管机构指导。它作为单独的法律实体运作，提供公共平台，并对其进行管理。但是，它由一家监管机构（如一家政府机构或共享式基础设施运营商）扮演主要推动者的角色，并对所有节点行使所有权。在法定组织内，参与成员遵循总体指示并为实现共同目标作出贡献。该组织承担与区块链平台相关的所有相关风险，并拥有所有知识产权，以维持运营成本为目的向网络参与方收取授权使用费。

该模式对于合规性应用特别有效。它的治理通常具有高度透明性，具备优良的数据管理能力，并且能将参与方的风险降到最低。该法定组织还发挥了作为监管者的积极作用并致力于将流程标准化，从而在一定程度上促进跨境合作。

对于原型展示成功后的区块链平台商业化，参与公司会发现合资企业和法定组织模式为他们提供了正规且低风险的治理机制。与工作组不同，这些模式鼓励采取行动，而不是无休止地进行反复推敲，这有助于成员分担采用新技术的风险。

3. 标准和法律法规

标准可以加速新技术的普及。例如，ISO 20022 和 1987 年的

UN/EDIFACT 标准就推动了基于可扩展标识语言的金融消息协议在 VISa、环球银行间金融电信协会、国际掉期及衍生品协会等组织中的广泛使用。[33]

不幸的是，技术的发展和指导其发展的标准的制定并不总是同步的，区块链也是如此。作为一项积极举措，澳大利亚国家标准局（National Standards Authority of Australia）提议对区块链和分布式账本技术进行标准化，以实现用户之间、应用之间和系统之间的互操作性和数据交换。这项提议（现称为 ISO/TC 307）在国际标准组织（International Organizations of Standards）着手考虑此事之前便提出的。

随着更多有关区块链标准的提议出台，贸易参与方应当寻求与标准制定机构建立关系，尤其是在全球范围内。对于区块链的早期采用者而言，与这些机构合作的机会也意味着在该领域赢得先机，对于垂直行业尤其如此。譬如，一些以制定满足行业特定要求的区块链标准为目的的非营利组织就已经成立，包括国际贸易领域的运输业区块链联盟（Blockchain in Transport Alliance）和在公共事业领域制定数字身份标准的 Sovrin 基金会。[34] 这些机构的成员在有关标准制定的讨论中都是有发言权的。

制定适当的技术标准对于区块链在国际贸易领域应用的成败至关重要。现有的标准（例如，信用证标准 UCP 600 和关于进出口和信用证担保的标准 SWIFT MT 798）对金融机构和其他贸易融资参与方而言发挥的是业务规则的功能。通过区块链实现数字刷新，可以让企业以更快的速度和更高的可视度来访问信用证之类的文件。

深入评估电子数据方面的新标准或修订标准也迫在眉睫。例如，针对信息安全管理的ISO/IEC 27001之类的标准仍然适用区块链解决方案，但可能需要修订或增补新的信息安全标准来完善它。另外，在制定任何新标准时不应当只考虑旧标准在未来的适用性，而更应当考虑为智能合约管理、新的安全措施和新接口协议提供空间。

智能合约是区块链技术的重要层面，它有望使迅速履约成为可能，加速国际贸易的交易步伐。目前尚不清楚政府是否将智能合约视为法律文件，明确态度的缺失势必妨碍它的发展。需要了解的是，智能合约是一种用诸如Solidity之类的编程语言编写的分布式应用程序。为了使智能合约具有与普通合约相同的法律地位，州一级的立法机关必须颁布法律确认其与纸质合约享有同等的法律效力，而且多个司法管辖区必须将某个单一可执行的有关智能合约的定义在同一时间固化下来。

区块链的另一项独特优势是用户可以用它与特定的参与方共享特定的数据，因此监管机构可以近乎实时地访问到数据。有了这种透明度，监管者就有机会重新考虑如何监管参与方了。在区块链解决方案实现商业化之前，贸易参与方需要就数据保护和知识产权问题与法律和监管机构进行讨论，就有关协议和方针达成一致意见。引入监管机构进行无细分、不受干扰的监管，这再次凸显了参与方与监管机构建立恰当关系的必要性。最先采用恰当的解决方案的参与方将率先获得回报。在简化监管流程方面，监管机构和贸易参与方则必定获益。

（二）技术考量

区块链技术尽管发展和进步迅速，但仍处于萌芽状态。有时区块链未必像其他成熟的企业技术一样能做到“即插即用”（plug-and-play）。从技术角度来看，应用区块链技术需要考虑三个关键因素：性能和扩展性，多链互操作性，以及与既有企业技术的可集成性。

1. 性能和扩展性

性能和扩展性是两个使区块链解决方案价值最大化的不可或缺的决定性因素，但它们却给方案设计人员带来了难题。通常，性能和可扩展性这类相关特性会相互排斥，因此设计人员在设计区块链解决方案时必须作一系列权衡。以太坊（Ethereum）的联合创始人维塔利克·布特林（Vitalik Buterin）用“三难困境”来形容区块链如何只能在去中心化、扩展性和安全性三个属性之间做到最多三选二。[35]

在为应对不同挑战创建不同的区块链时，研发人员会对各项性能（如时延、吞吐量和复原能力）配置不同的标准。此外，为增强扩展性而开发的补丁程序也在不断翻新。设计人员可以研究诸如数据库分库分表，数据链路层到闭链状态通道，增加区块尺寸，使用不同共识机制，或者使用侧链之类的方法，加速交易处理。

区块链平台正在不断趋于成熟，假以时日研发人员会找到新的方法来提高系统的性能和扩展性。与此同时，设计人员在设计所需的解决方案时仍需考虑性能和扩展性方面的约束条件。至少在区块链技术处于起步阶段时，意识到各种平台的局限性将有助于相关方权衡利弊。有了这种意识，设计人员开发的方案才能够体现用户对于相关重要品质的诉求。

2. 互操作性

正如我们强调的那样，公司和团体都在为国际贸易开发特定的区块链用例。它们所取得的进步是惊人的，而对互操作性的需求不应当成为妨碍它们发展的因素。随着技术的成熟，各家区块链平台终将解决互操作性问题，连接器会跻身到前台。担心不同链之间的交互问题还为时尚早。目前，国际贸易各参与方应当专注于如何提高性能，并确保区块链解决方案与其他企业技术能够集成。

如果这种放任自流的方法无法打消顾虑，那么请先把互操作性问题放在一边，我们来回顾一下互联网发展初期的情况吧。美国国防部高级研究计划局的互联网协议的首要目标是“网络互联”。[36]它有七个次要目标，其中前三个分别是：

- 即便网络或网关丢失，互联网通信也必须继续。
- 互联网必须支持多种类型的通信服务。
- 互联网架构必须容纳各种网络。

一篇题为《迈向互操作性区块链系统的设计理念》的论文将这一互联网协议的目标与区块链结构的互操作性进行了比较。[37] 文章提醒我们，互联网及其许多应用并不是在一朝一夕就被开发出来的。

我们知道，互联网具有固有的互操作性，但是它的前身并不具备这一特质。基于互联网的早期应用程序也不具备互操作性。万维网（World Wide Web）和语义网（semantic web）的灵感来自欧洲核子研究组织领导的名为 ENQUIRE 的项目，该项目满足了兼容性的要求，但不具备互操作性。结论很直接：任何技术的出现都需要遵循技术开发的优先级排序。对于区块链而言，这并不意味着互操作性不重要，而是它目前还不重要。

3. 集成

互操作性是未来的技术问题，而集成方面的考虑则更为迫切。区块链需要与企业信息通信技术的其他关键组件进行集成。这些组件包括：

- 中间件，如 Web services，例如，表述性状态转移

(REST)或面向服务的架构(SOA)和异步通信协议,如消息队列遥测传输协议(MQTT),可扩展消息传递和到场协议(XMPP)或 Java 消息服务(JMS)。

- 基于网络的,按需软件或托管的软件(亦称软件即服务的产品),包括 Salesforce、Adobe Creative Cloud、Amazon Web Services、Box 和 Marketo 等。
- 既有系统,例如 ERP 软件(如 SAP 或 Oracle 的产品)和大型机技术。

成功的集成需要在维护界面时保证数据的有效性(当原始数据被录入系统或从系统中被拖拽出来时,以现有业务规则来验证)。在这方面,区块链应用的一个独特问题是如何处理数据存储的(区块)链上链下隔离问题。

链上数据(On-chain data)是通过查看区块链本身可以获取的公共数据。链下数据(Off-chain data)通常来自远程服务器、客户端设备或分布式存储系统(如星际文件系统)。链下数据是企业希望保护的部分,譬如敏感的数据、明显不必保存在链上的非交易相关信息或者日常更新的信息。

区分链上数据与链下数据非常关键,但这类分离的数据必须是可以连通的,才能支持智能合约的制定。智能合约可在满足特定预设条件时触发而用于验证是否满足触发条件的数据通常来自链下。授权认证机制(oracle)是智能合约在执行区块链操作或交易时可以引用的受信任的链下数据源。

不过，创建一个可以自动触发智能合约的授权认证机制并非易事。由于链下数据存储在区块链以外，它们的防篡改性较弱，因而不是那么受其他参与方信任。因此，如何使链下数据具有与链上数据一样固有的可靠性极具挑战性。

数据集成较为简单的一面是应用程序接口（API）。它可以与消息队列系统或服务总线应用进行交互，以提供互操作性。区块链应用程序接口通常用通用语言（例如 JavaScript、. NET 或 Python）编写，其主要目的是读取和写入数据。它们可以被植入到可与企业服务总线（ESB，enterprise service bus）集成的高层编程层（一种中间件组件，可以方便与类似 ERP 或大型机这类既有系统进行交互）。

API 和 ESB 的接口机制并不像区块链集成的其他方面那么复杂。判断应用是否成功最关键的要素是通用数据架构的质量。虽然数据根据其属性被保存在链上或链下，但是现有数据需要经过分析并（有可能的话）进行转换，然后才能被载入区块链接口。转换必须经过标准的“提取—转换—加载”流程，其数据质量控制必须符合其他平台的技术限制的要求。

如果国际贸易各参与方想要释放区块链的最大潜能，区块链就不能孤立运作。如果企业领导者想要最大程度地发挥新技术的优势，同时最大限度地控制它对系统带来的冲击，他们就必须从数据和技术这两个角度去考虑集成的问题。

七、有关国际贸易的心得要领

超级账本（Hyperledger）的执行董事布莱恩·贝伦多夫（Brian Behlendorf）在2018年1月发表的一篇文章中说得非常好："我不好说不用它的话您的公司在两年内就会倒闭，但是在一些领域它很快会发挥很有意义的作用。"[38]正如我们在香港金管局、众汇和马士基所看到的那样，国际贸易领域的行业是最早见证其应用意义的。在快速发展的区块链世界里，入局者如何保持竞争力？这要从心态和探索开始。

把握非传统机遇，尤其当这些机遇处于茁壮成长的状态时。各类区块链项目从探索到产出就绪状态的演变表明，市场已经准备超越传统现代化的范畴去创造新的范式了。从问题开始，然后考虑技术支持。最终，业务和技术两个思想框架的真正融合必将催生巨大的成功。通过协调，各组织可以为实现共同目标更好地汇入精力，从而开发出超越现有正统理念的解决方案。

构思、调研、评估和反复。从众汇的手册摘取一页，然后逐步扩展。许多大型企业在区块链方面起步较早，而且起步规模较大，但迄今为止他们未必看到了自己期望的结果。在错误用例上快速采取行动，可能会消磨士气，而且从长期看，可能减缓发展势头。评估投资回报率和彻底评估区块链将在哪些方面产生最大影响，对于开发真正发挥作用的解决方案至关重要。我们讨论过从最小的可行生态系统开始，有机渐进发展的办法。当你开始区块链之旅，可以遵循这样的路线图，从而找到区块链解决方案并带来经济回报。

协作胜于竞争，对区块链项目来说，此言不虚。问题确定后，生态系统内合作伙伴可以共同发力，设计区块链解决方案。生态系统中的其他成员可能已经在研究解决方案，甚至组建了你可以参加的联盟。如果相关联盟尚不存在，你将有机会领导自己所在领域在区块链方面的努力并动员组建联盟。专注于对整个贸易网络有意义的价值，而不仅仅是对单个企业有意义的价值。区块链的独特卖点是它与各方建立联系的能力，最好的解决方案是那些能够应对诸多利益攸关方诉求的解决方案。

总体而言，区块链技术已经通过很多用例证明自己是一种赋能技术。香港金管局、众汇和马士基的成功案例研究有一个共同点：他们的领导者并不考虑各自组织今天如何运作，而是考虑大家将来如何工作以及如何贡献价值。

Chapter 2

富士康 4.0

区块链如何应对世上最复杂的供应链

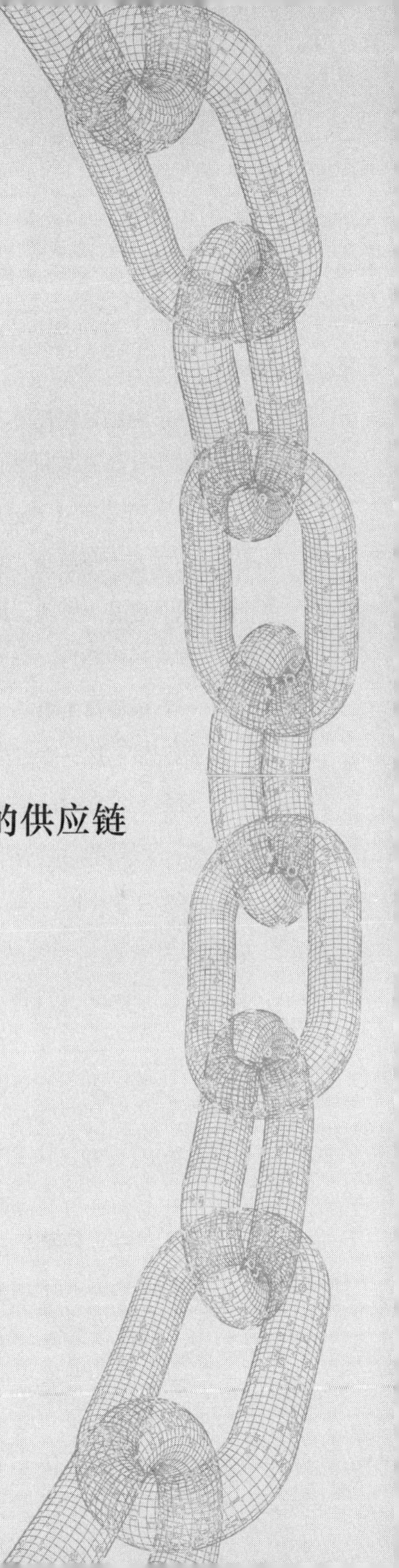

富士康（Foxconn）概要

电脑公司几乎不再制造电脑。大型技术品牌将其制造和设计外包给电子制造业。这个行业的主导者就是：富士康科技集团（Foxconn Technology Group）。

富士康是全球第二大私营雇主，其员工总数超过 100 万人，这些人协调着其庞大的生产线，每年产出的消费电子产品占全球约 40%。

随着富士康成为这个时代最重要的合约制造商，其价值链也已发展成一张复杂的责任关系网。为了继续创造历史，公司领导必须有效地管理这种复杂的关系网。

公司的运营战略以区块链技术为核心。富士康正在建设一张数字主干网，并以以下几点为目标来部署区块链：

- 保障供应链管理的安全。
- 保护自己的物联网。
- 将自身网络转型为商品市场。
- 提供有益于客户的新型商业关系。

与这些功能为一体的是一组基于区块链的贸易融资工具，它们将为其供应商创造更深层融资的机会。

富士康的区块链战略旨在将自己定位为第四次工业革命的领导者和第二个互联网时代最重要的制造商之一。

一、富士康简介

亚洲奇迹，即“亚洲四小龙”（韩国、中国台湾、中国香港和新加坡）在财务上的成功，源于合约制造商务模式。这种模式有利于吸引外国买家，从而以其资本推动增长，如此便催生了奇迹。

最初取名为鸿海精密工业股份有限公司（Hon Hai Precision Industry）的富士康，于1974年在中国台湾成立，如今已跃升为全球最大的合约制造商。富士康与合作伙伴苹果一起以举足轻重的产品和新颖的工业流程创造了历史。苹果有很强的产品创新力，而它也被认为是供应链管理和采购方面的重要创新者。史蒂夫·乔布斯（Steve Jobs）亲自担纲这一角色，直到他聘请到后来的首席执行官蒂姆·库克（Tim Cook）才把这个位置让出来。

苹果只选择有共同目标的合作伙伴来创造历史。没有哪个伙伴比富士康更符合这一标准。在此过程中，富士康已成长为仅次于沃尔玛的全球第二大私营雇主。每年全球售出的所有消费电子产品中有大约40%来自富士康的工厂。[39]

现在，富士康希望成为包括以物联网为基础的第四次工业革命的领导者——也就是要创造富士康4.0。

富士康科技集团一览

实际名称： 鸿海精密工业股份有限公司[40]

总部所在地： 中国台湾新北土城

开业时间： 1974年

员工人数： 130万

公司类型： 合约制造商

影响力： 每年制造全球约40%的消费电子产品

总资产： 800亿美元

总收入： 1 340亿美元

二、管理供应链的复杂性

富士康在区块链技术方面的目标差不多是在创造历史，即成为这个时代最重要的制造商。该愿景围绕着如何管理这个庞大而复杂的公司展开。富士康财务子公司富金通金融信息服务有限公司

（FnConn）首席执行官李仁杰（Jack Lee）领导了这项富有开创性的工作：

> 我们将它视为一切工作的核心。借助整个网络，我们可以安排如何为与合作伙伴和供应商达成的协议提供融资，安排如何管理采购和物流，安排生产和销售什么产品，以及安排如何与客户互动。我们所有部门在整个运营过程中所做的一切都围绕它展开。我们把它视为一项核心技术。[41]

这项研究专注于探讨富士康如何将区块链技术作为核心纳入其复杂业务活动，并借助其对复杂性进行管理。简而言之，富士康将深入研究先进的加密技术和分布式网络应用，以便在它的合作伙伴、供应商、工厂和客户之间建立起可信赖的数字关系。

（一）全面供应链升级

富金通首先推出了链融（Chained Finance），一款支付和供应链管理工具。从最通用的角度来看，它旨在解决一系列融合方面的问题。李仁杰这样解释了设计背后的逻辑：

> 我把它分为三个部分。有信息流——收发订单，有物

> 流——实际的货物流，还有支付流——资金的流动。这三个系统无法互相通信。它们现在并没有融合。我们认为这是一个巨大的机会。信息、货品和资金三部分可以融合成一个统一的系统。[42]

融合才能解决这些问题，这促使富金通与点融网（Dianrong）（一家互联网借贷信息服务中心）结成了合作伙伴关系。富金通与点融网一道推出了链融。正如李仁杰所指出的，这是一个旨在将信息流和协议、货物流以及资金流都融合到一起的金融平台。

富金通最近对该平台进行了测试，并成功地促成多个合作伙伴获得合计650万美元的贷款。[43] 在此过程中，相关协议的交易记录、货物流和支付流，合理而有序地汇集到一处。在这个平台，每个交易完整的状况都一目了然。这样融合形成的简单应用对当前实践而言是巨大的进步。在过去两百年间，由于资金的流动是通过一个代理银行网络来处理的，因此仅资金流一项就很难跟踪。

代理银行系统是不同国家（或地区）的银行彼此开立往来账户而结成的银行网络。如果在不同国家（或地区）的两家银行彼此没有开立往来账户，汇出行可以将交易推入存在代理行关系的银行网络来完成。然后资金会穿过一连串代理行的漫游路径，直到抵达最终汇入银行为止。

通过这种方式转移的资金流经的是自己的信息通信网络——环

球同业银行金融电讯协会（SWIFT）。SWIFT创建于1973年，它致力于消息标准化，从而加速代理行之间信息流通。这个网络转移了资金，并不代表货物转移。行业惯例通常是让货物流转先行于资金流转，这便给供应链中两个层级（连接）之间造成了延迟。供应链上的层次（连接）越多，延迟就越长，因为每个层次（连接）都在等待其融资通过。

（二）深层融资

由于这些延误，供应链上游供应商的融资变得更加困难。银行为苹果等公司的直接供应商提供了很好的融资条件。而对于在供应链上游深受支付延迟困扰的供应商而言，银行就不会这么做了。因此，这一类供应商只能要么将发票低价出售，要么持有待付发票为期数月，任其因汇率或贷款利息变动而价值受损。李仁杰指出：

> 富士康与世界上各个国家最大的银行都打了多年的交道。对于富士康而言，融资很容易。我们是直接供应商，说融资就可以融了。当我们与这些银行讨论为我们的直接供应商和二级供应商融资时，银行的答案却是否定的。只有像花旗（Citi）这样的大型跨国银行才会作些许让步。它的回答基本上是：“我们可以部分融资，但必须有30%

> 的担保。”那可是30%的现金。当我们询问为第三级供应商融资时，它会回答：“这是不可能的。”中国有85%的中小企业无法获得融资。他们必须去找影子银行机构，对于供应链上游的中小型企业尤其如此。这样做效率低下且成本很高，我们在一年前意识到这个问题，因而决定推出链融。[44]

富士康的复杂供应链可以延伸到八层或九层。富士康网络的延伸使链融有机会直接将发票融资和信贷延伸到富士康供应链的所有层次。李仁杰表示：

> 我们可以发挥富士康供应链的优势，为我们的合作伙伴进行深度融资。我们可以将付款数据与采购下单数据以及供应商数据挂钩。另外，我们还可以让直接供应商邀请二级供应商和三级供应商，等等。这些付款数据将在富士康应付账款之内。如果供应商需要营运资金，他们可以从平台上的链融获得。[45]

（三）数字做市商

作为合约制造商，富士康已成长为全球最大的公司之一，收入高达1 360亿美元，并拥有由成千上万的供应商、合作伙伴和客户构成的业务网络。[46] 富士康通过链融实现的可见性和协调的贸易关系意味着它具有创造市场的巨大潜能。

富士康为自身产品的生产，拿到了诸如平板电脑和手机机壳所用的阳极氧化铝（atomized aluminum）这类材料的批发价。它计划通过链融将其拿到的铝材批发价报给其庞大网络内的所有成员。李仁杰说："我们可以使用融合工具来构建强大的市场；我们可以提高网络的价值和效率；我们可以通过这种方式帮助我们的供应商。"[47]

这个想法是为网络成员形成交易要素，让他们找到贸易伙伴，并就某些产品达成交易。这种基于富士康深层融资的协作是有效的，它可以在价格发现的基础上建立高效有益的市场结构，使之为网络所有成员所用。

（四）产销监管链与源流

李仁杰认为区块链技术能解决的核心复杂性问题不仅限于资金的流动、合同的流转以及市场的建立。如前所述，对于贸易而言，只有资金流动起来，货物才能流动。货物本身的流动非常重要，并且这也是可以通过区块链技术优化的另一个重要问题。李仁杰说：

> 是的，链融旨在解决中小企业融资难的问题。但

> 是，我们认为对我们而言，最重要的方面是跟踪和源流，即跟踪货物流、信息流和采购下单流。因此，我们高度重视如何对货物实施跟踪。我们希望将供应链和采购下单以及资金流都融合到区块链上。这就是为何我们与思科（Cisco）和博世（Bosch）及少数区块链初创公司一起组建可信赖物联网联盟（Trusted IoT Alliance）的原因。[48]

物联网是一种相对较新且功能强大的技术，可以让制造商利用有形资产产生的数据。麦肯锡全球研究院（McKinsey Global Institute）预测到2025年物联网的价值将超过11万亿美元。[49] 售价30美元的树莓派证明了廉价而强大的计算能力为何无处不在，且必将持续下去。[50] 随着行业进入新时代，有效利用数据已经变得至关重要。

（五）数字认证

可信赖物联网联盟与企业巨头美国纽约银行梅隆公司（BNY Mellon）、博世、思科和富士康合作致力于推进机器交互的标准化。

可信赖物联网联盟已开始进行认证方案的测试：如何确保方案在独立状态和网络状态下的安全，以及如何对来自所有这些设备的数据进行有效的处理。他们创建的第一个协议是针对多个较弱的身份认证，包括序列号、二维码、电子标签和通用产品编码。通过私钥签署交易，该协议将这些身份与高安全性的密钥身份联系在一起。目标是加强实体对象与数字世界之间的联系，从而为既有商业系统提供可以立即部署的注册机制。

这些数字标识符对于制造商而言是重要的特点，因为它们可以被用来完善供应链管理。富士康联盟内的合作伙伴 Chronicled 是一家总部位于旧金山的初创公司，它就将这一想法写进了自己的商业计划。Chronicled 与 GREATS［总部位于布鲁克林的鞋业公司，由全美橄榄球联盟最佳跑卫球员马肖恩·林奇（Marshawn Lynch）部分持股］合作，Chronicled 将电子标签嵌入林奇签名款球鞋（Beastmode Royale Chukka）中，并将每只鞋的身份号进行哈希处理，然后将结果传到以太坊区块链上。

这为诸多品牌提供了满足客户正品保证要求的办法，对打击假冒产品具有深远意义。富士康长期以来一直在与假冒产品作斗争，并对市场的需求有全局的了解。它目前与该联盟的合作旨在创造一种可通过密码验证的防伪技术，不仅可以加快完成调查和诉讼，还能从一开始遏制伪造，最大限度地减少采取法律行动的必要性。

三、人和物的新型经济关系

但是，产品认证只是将机器集成到合约关系中的一小步。富士康的实物资产进一步增加了这家庞大企业的复杂性。建筑物、机器、工具和库存驱动着生产过程。在这个新时代，有效利用这些资产产生的数据对于行业至关重要。

一份合约就是一种思维的契合。如果思维不再源自心灵，而是微处理器、密钥和一组可编程指令，世界将会怎样？它们怎样才能有和合同一样的法律效力？

我们来看一下这种情况：汽车制造商给汽车安装了传感器来增强驾驶的安全性，但驾驶员还是出了事故。保险公司对责任进行鉴定。在这个案例中，过错方是谁？司机、软件制造商、传感器制造商、执行器制造商，还是把这些捆绑到一起的车企、车主、黑客？

对于调查人员而言，那曾经是一个相对简单的问题。但有了上面提到的问题，现在答案就混乱且很难一锤定音了。但是答案仍必须是简单明确的，以便我们将物联网节点恰当地融入行业实践中，在亿万物联的世界承担起法律义务，这也正是诸多联网设备所亟须的。

在一个分布式数据库中安排密钥和交易签署机制以及加盖时间戳的方式，令建立一套有助于进行任意责任鉴定的系统成为可能。例如，接近度传感器未能向驾驶员发出警报，并由此发生碰撞。如果车辆中每个组建的技术都通过区块链来统合协调，调查人员就可以轻松地调取车辆所有数字交互的行程日志，传感器出的故障就可以被识别出来。

对于富士康而言，他们的目标是将庞大而复杂的工厂中的有形资产进行整合。这项工作让富士康深入了解到在市场中应该如何安全地应用物联网技术。这意味着需要采用更多传感器和执行器以及相关密钥器材。富士康的另一个事业部——工程服务事业部，作为咨询和技术提供商，致力于提高机构服务市场、生产安全物联网设备的能力。

（一）新生代消费者与新消费者关系

富士康在创业之初，进入的是制造业领域的小众市场。它不用面向消费者，做的是很少有人听说过的合约制造。但是，在一个制造商、产品和消费者之间的关系不停变化的时代（绑定各方的数字关系已经在价值链内催生出形成新关系的新能力），富士康已经转做面向消费者的品牌业务了。

2016 年，它以 38 亿美元的价格收购了日本电子公司夏普（Sharp）。[51] 它将夏普的增长战略重点放在了联网汽车和智能家居上。现在这些已是富士康新型消费物联网的主要产品。通过关注物联网，富士康计划为其客户创建新的销售机制和所有权模式。下文讲到的是以产品为关键信息载体的另一个例证。长期以来，喷气发动机之类的复杂产品以体现产品所产生数据的精益所有权模式出售。

20 世纪 60 年代，私人飞机业尚处于早期阶段。此时，布里斯托·西德利（Bristol Siddeley）制造了喷气发动机，并推出了具有革命性意义的所有权与养护合同，冥冥中开启了数据、产品和所有权相组合的未来。布里斯托·西德利引入了“按小时提供动力”（Power by Hour）的系统。它提供了一种囊括发动机所有养护服务计价在内的每飞行小时定额综合价，为预测喷气发动机的拥有成本提供了更好的方法。制造商与产品新拥有者在产品的整个使用寿命过程中是联系在一起的。虽然这家发动机制造商后来被劳斯莱斯（Rolls-Royce）收购，按小时提供动力的模式被劳斯莱斯注册，但是现在通用电气（GE）、普惠（Pratt & Whitney）和庞巴迪（Bombardier）也以这种方式出售和管理喷气发动机。

现在，从鞋子到喷气发动机，几乎所有产品都可以携带会影响所有权和销售模式的信息。承载信息的产品可以固化制造商与消费者之间的关系，确保它们在价值链中的这种关系绵延甚至永续。这个想法涉及将区块链技术直接延伸到建立并维护与消费者的永续关系上。我们可以将区块链技术描述为“数据库创新”，但这只是故事的一部分。区块链技术代表着记录系统的创新。记录系统不仅仅是数据库或即时快照。它意味着数据的上下文和数据自身的历史。它记录了所有交易、修订、草稿以及与数据有关的任意其他内容。

尽管一些分析师嘲笑合约制造商进入消费电子产品销售领域的想法，并预测朝这方面的发展只是公司的一厢情愿，但是富士康仍然充满信心。正如李仁杰所说：“通过夏普，我们将率先采用所有权模式，这将使我们能够更好地为客户提供服务，节省客户资金并为自己赢得更多收入。这是我们与客户之间最高效最有益的关系。”[52]

（二）网络安全

毫不奇怪，身份认证是可信赖物联网联盟考虑的头等大事，也是富士康关注的重点。身份认证是当前网络安全体系内的一个主要弱点。陷入重大黑客攻击和网络入侵事件的公司越来越多——从索尼（Sony）、摩根大通（JP Morgan Chase & Co）、家得宝（Home Depot）、安森保健（Anthem Healthcare），再到现在的艾可菲（Equifax）。这些攻击对公司声誉的破坏是很难修复的。

系统短板的本质在于以集中式权威来组织身份验证方案。集中式本身就是“受信任第三方即安全漏洞”的体现。

在集中式身份认证方案中，人们将母亲的娘家姓氏或宠物狗的名字分享给身份验证机构，而该机构的集中化却会危害整个系统。比特币是一个通过公钥加密执行简单部署的分布式身份认证的例子。对比特币而言，拥有私钥等于拥有所有权；在区块链技术里，私钥即可用于身份认证，这种认证机制可以应用到供应链管理或客户关系上。

对加密货币而言，拥有密钥意味着拥有某些有限数据，我们可以将机器认证为资产的所有者或承担责任和义务的当事方。比特币钱包的需求激活了新型微芯片的应用和开发，这种新型微芯片具有可信赖的加密专区，可以使密钥驻留在设备上而不至于暴露于互联网上。密钥器材（对签署交易所用密钥进行存储或生成的钱包或其他设备）已经在帮助发挥这项技术的优势，一些比特币钱包提供商也已涉足物联网领域。因此，物联网设备可能会附带功能类似比特币钱包的软硬件。

（三）设计中的合规性和隐私保护

实施数字认证给这类系统带来的一大优势就是，它使遵守诸多即将在欧洲生效的隐私保护法规变得更加容易。这种理念叫作“设计中的隐私保护”。20 世纪 90 年代，它由安大略省隐私保护专员在一份研究报告中率先提出。[53] 这个想法已经发展成为隐私保护法的重要内容，也是欧盟通用数据隐私保护条例主要豁免条件的基础。欧盟通用数据隐私条例于 2018 年生效，它对任何收集生活在欧盟成员国内的消费者数据的行为都适用，并对违规者施以严厉的处罚。

人们对有关这套法规将造成的烦琐程度提出了诸多猜测和担忧。部分原因是这项法规让公司在处理任意类型的身份验证信息时都需承担责任。要想通过设计中的隐私保护实现豁免，可以通过如下方式来实现：

> 加密和解密操作必须在本地执行，而不是通过远程服务执行，为实现全方位的隐私保护，密钥和数据都必须由数据所有者所有。

此外，相关说明还指出：

> 如果个人数据由数据控制者以适当的内部策略和措施进行假名化，则被认为是有效匿名，不受通用数据保护条例的控制和处罚。

实际上，许多区块链技术都是基于这项条例的豁免条件。许多区块链项目都将个人保护和密钥控制作为业务模式的一部分。基于设计中的安全性的豁免为技术的普及铺平了道路，对实现机器对机器，机器对人，以及机器对公司的对话和签约，尤为重要。

网络安全和客户隐私保护策略对于试图顺应数字化革命浪潮的公司而言是不可或缺的。富士康在金融平台链融方面所做的努力，及其参与物联网联盟的合作，是这家公司巩固运营、维系关系和保护客户战略的一部分。

四、有关富士康区块链主干系统的心得要点

富士康已经发展成为一家如此复杂的公司，因而，将它描述为一个按计划行事的社区可能更准确。 就像在任何社区一样，领导层很难协调公司承担的诸多关系、责任和义务。

区块链技术为管理这种复杂性提供了工具。 富士康的目标是创建一个主干系统，让公司通过它来安排和组织运营，使其保持作为这一个时代最重要的制造商的优势。

富士康凭借区块链技术优势创建了一套工具，用于将资金、货品和协议汇集到一处进行统筹协调。 这套工具发挥富士康的网络优势，将其转变为对合作伙伴有用的市场。

数字身份验证方案是公司的重点，无论是所生产的货品还是所

传输的数据。 这些新的身份验证方案对于将机器集成到富士康的合约责任与义务下运行是非常有用的。

通过以高级密码技术实施身份验证，富士康的计划实现了网络安全先行。

Chapter 3

区块链上的钻石

建立有价资产的全球数字账本

钻石溯源概要

数十年来，钻石以其在爱情中的不可或缺的地位一直备受关注。在 21 世纪初，规模 800 亿美元的钻石行业却遭受了严重的威胁。为保障多方利益，必须努力消除“冲突钻石”（Conflict diamonds）。

金伯利进程（Kimberley Process）通过要求钻石生产国证明毛坯钻石的出口与武装冲突无关，让钻石业在消除冲突钻石方面有了显著成效。但是，主要基于纸质流程的钻石认证过程一直受到腐败、伪造文件和低效的困扰，导致许多“冲突钻石”非法进入供应链。

在行业监管机构看来，改善全球钻石贸易现状的努力并未奏效，安哥拉、津巴布韦和中非等钻石生产国仍在持续发生暴力和侵犯人权的事件，这进一步证明了金伯利进程的失败。

总部位于伦敦的易葳录（Everledger）公司正在利用包括区块链在内的新兴技术创建钻石的全球数字账本（a global digital ledger），使生产商、消费者、保险公司和监管机构能够追踪单个钻石从其出土的矿山一直到珠宝商陈列柜的整个供应链流动的状况。

将区块链整合到钻石供应链中还有其他好处，譬如，可以消除保险欺诈，减少腐败、洗钱和与钻石贸易相关的其他问题的发生。

区块链对于验证产品真实性、溯源和产销监管方面的潜力不仅限于钻石，它对豪华汽车、稀有葡萄酒和难以估值的艺术品等这类高价值物品都适用。

一、钻石供应链与“冲突钻石”的问题

数十年来，钻石业刻意而精心地将钻石打造为爱情的信物。这一成功的营销活动，让人们确信钻石是延绵浪漫关系不可或缺的一部分。

同时，戴比尔斯（De Beers）等钻石供应商在后台默默地操盘，很少引起公众注意。然而，戴比尔斯和其他钻石供应商描绘的美好形象与钻石供应链严酷的现实形成了鲜明对比。

安哥拉、津巴布韦和中非这些国家监管欠缺，犯罪和腐败猖獗，反叛组织和恐怖分子一直通过钻石换取硬通货去购买武器，以此向民选或国际普遍承认的政府发动战争。联合国将“冲突钻石”定义为“叛乱分子用来资助发动旨在推翻合法政府的武装冲突的毛坯钻石”。据调查记者和人权观察家称，“冲突钻石”造成的结果是长期冲突和严重侵犯人权的行为。暴力冲突、残害甚至绑架（作为军事招募的手段）已经破坏了许多钻石开采国的社会和经济基础。具有讽刺意味的是，为钻石厂家赚取丰厚利润的珍贵自然资源也导致了世上最严峻的生存状况。[54]

像其他珍贵的自然资源一样，管理得当的钻石贸易有望让产地获得丰厚收益并推动当地经济发展，为改善当地生存状况、创造就业机会和修建社会基础设施提供所需的资金。然而，在某些产区以钻石收入资助的残酷内战和侵犯人权行为与钻石商给消费者塑造的纯洁形象形成鲜明对比。

（一）审视不透明的供应链

在过去，极度不透明的供应链对钻石商可谓庇护有加。钻石很容易从一个国家被转移到另一个国家，其真正来源很难确定。钻石在安特卫普等市场汇集、分拣和转售的过程，只会让这件事情难上加难。例如，流经戴比尔斯供应链的毛坯钻石最终抵达伦敦，并在戴比尔斯在切特豪斯街的工厂进行汇总和分拣，该工厂在任意时间都可能持有价值高达 10 亿美元的毛坯钻石，然后将这些钻石分开发售，以每笔数百万美元的价格出售给戴比尔斯称为看货商的特殊客户。具有讽刺意味的是，这些看货商实际上事先并未看过这些钻石。戴比尔斯来确定哪些钻石归入哪一批，甚至确定好了价格。顾客再以已定好的价格购买“没看过的货”，戴比尔斯高管称此过程为“填鸭”（feeding the ducks）。[55] 这种不透明性不仅使追踪毛坯钻石的真正来源十分困难，也让公众无法看到钻石贸易助长腐败和暴力的现实。

运作得力的先行组织呼吁人们关注所谓的“冲突钻石”以后，公众开始对钻石贸易所产生问题有了更清楚的认识。这些组织包括非洲加拿大伙伴组织（Partnership Africa Canada）、全球见证组织（Global Witness）和国际特赦组织（Amnesty International）等非政府组织，以及联合国（United Nations）和世界银行（World Bank）等主流国际组织。非洲加拿大伙伴组织于2000年初发布的一份报告对钻石产业来说尤其具有破坏性。[56] 雷克斯钻石矿业公司（Rex Diamond Mining Corporation）董事罗伯特·卡普兰（Robert Kaplan）表示："在《环球邮报》（*Globe and Mail*）发布这份报告后的三天内雷克斯钻石矿业公司损失了6亿美元的市值。"卡普兰说，"也许更重要的是，从长远来看，包括我们在内的任何上市公司都不可能再对塞拉利昂（Sierra Leone）的钻石行业进行投资了。"[57]

（二）金伯利进程及人们对它的不满

越来越多的公众曝光使钻石行业意识到，只有解决"冲突钻石"的问题，才能防止此事对行业造成进一步危害。经过两年的漫长讨论，钻石行业和50个国家的政府以及数家非政府组织制定了金伯利进程（Kimberley Process）：一种为钻石创建证书和保障其来源地知情权的跟踪机制的自愿协议。[58] 这项2003年生效的制度包括一个"证书链"（chain of warranties），它可以为任意一颗钻石创建从其出土的矿山一直到给它切割和抛光的珠宝商工坊的审核路径。提高认证过程的透明度以及给出有关独立监控方面的承诺，金伯利进程意在建立信任，让人们可以确信系统为减少“冲突钻石”流入供应链采取了有意义的行动。

如今，金伯利进程由代表82个国家的55家参与方组成，占全球钻石开采、贸易和制造总量的99.8%。[59] 尽管金伯利认证制度已被广泛采用，人们对这项进程在消除问题的有效性方面却有不同意见。钻石行业估计，“冲突钻石”的交易金额占全球价值数十亿美元毛坯钻石贸易的3.7%。金伯利进程声称，其认证流程已成功消除了合法钻石交易中几乎所有的“冲突钻石”。[60]

另一方面，诸如全球见证和钻石发展计划（Diamond Development Initiative）之类的非政府组织则声称，“冲突钻石”在整个钻石贸易中的比例接近20%。他们还列出了一长串国家的名字，指控它们存在明显违规、走私、洗钱和侵犯人权的行为，却声称自愿遵守了金伯利进程制度的要求。[61]

实际上，全球见证于2011年12月退出了金伯利进程。它认为，该行业的“证书制度”缺乏独立验证，而金伯利进程未能应对在钻石产区发生的违规、腐败和国家资助暴力行为的状况。[62] 世界钻石理事会（World Diamond Council）主席安德烈·波利亚科夫（Andrey Polyakov）对此表示反对：“适时且一致的行业行动已警告有关当局当心假冒产品，制止了‘冲突钻石’的出口，并鼓励负责任的操作规范。”[63]

包括金伯利进程自身在内的所有参与者似乎都同意，这种意图良好的认证方案存在的某些缺陷，削弱了其有效性和可信度。这些缺陷恰恰导致行业、政府和社会的领导者将区块链作为解决方案。幸运的是，一家做区块链应用的新公司正在为钻石建立全球数字账本，这将有助于解决“冲突钻石”的问题以及困扰该行业的各类其他问题。

二、易葳录和全球钻石数字账本

易葳录（Everledger）成立于2015年，是第一家建立全球数字账本的公司，这个账本旨在对珍贵资产进行全生命周期跟踪和保护。易葳录首先收集资产的定义特征、历史和所有权，然后在区块链上创建永久记录。供应链中的各个利益攸关方都使用这种数字化身份（或指纹），以建立溯源和验证机制。钻石行业面临的挑战，包括与冲突钻石相关的挑战，使全球钻石供应链成为易葳录数字账本的完美测试案例。

（一）创建溯源机制并修复残缺的认证流程

源流即一件物品的生平，在钻石等奢侈品的世界里，源流非常重要，因为我们无法将物品的价值与其来源和历史分开。易葳录的创始人兼首席执行官琳恩·坎普（Leanne Kemp）认为，问题在于，全世界的物品源流都停留在纸质流程上，钻石认证流程就是一个很好的例子。

开采和切割之后，钻石将被送交认证。证书颁发机构对钻石进行检查，实验室则以4C标准（切割、克拉、净度和颜色——cut，carat，clarity，and color）对钻石进行评级；然后，证书颁发机构通常会对钻石进行序列化处理，并颁发写有钻石所有属性的实体证书，包括钻石周身尺寸和手绘切割线图。这些证书随钻石进入零售连锁店，大大提高了钻石的价格。

这种过时流程的一个主要问题是没有中央信息数据库。钻石商人依靠的主要还是纸质的正品证书和原产地证明。基于纸张的系统不仅效率低下，还很容易被篡改抑或完全伪造。琳恩·坎普表示："不仅向公众提供的这类证书尚不可靠，这些证书颁发机构也未必是免于腐败的。"[64]

实际上，与毛坯钻石相伴相随的伪造证件一直是金伯利进程的阿喀琉斯之踵（Achilles heel），它们让那些造成过人类至深苦难的钻石得以在全球合法商店出售。金伯利进程已经为解决这个问题进行了十多年的努力，但并未获得完全胜利。即使在今天，它也承认有贸易商提交号称来自刚果民主共和国、安哥拉、马来西亚和加纳的伪造版金伯利进程证书。[65]

（二）将钻石供应链置于单一数字网络上

易葳录（Everledger）的核心价值是将整个钻石供应链置于同一个数字网络中，从而为参与钻石交易的各方创建一个单一信源版本。通过在 LinuxOne 云服务器上使用基于超级账本的 IBM 区块链，易葳录的平台凭借混合技术模型满足了钻石行业的需求，该模型将公链的高安全性与私链的许可控制结合到一起。

将认证钻石添加到数字账本的过程始于印度、以色列和比利时等地的钻石分拣工作室，在那里易葳录创建了琳恩·坎普所称的属于每颗钻石的鉴定视图。易葳录通过用机器视觉记录 40 个元数据点来给每颗宝石创建唯一指纹。然后，将钻石的独特物理特性以及关键细节（例如原产地和产销监管链）添加到区块链中，从而创建出可以对每颗钻石进行溯源的审核路径。

如果易葳录的目标实现，那么进入合法国际市场的每颗钻石都将在区块链上拥有安全的数字记录。迄今为止，已有超过 180 万颗钻石经加密处理录入到易葳录的数字分类账本上。金伯利进程认证的毛坯钻石的主证书也以数字方式存储在区块链上。

将数字记录和证书添加到数字账本只是第一步。与 IBM 建立合作伙伴关系使其得以采用认知分析来自动发现不遵守金伯利进程和其他国际协议的情况，从而进一步扩展了易葳录的数字账本的功能。IBM 现任首席执行官阿尔温德·克里希纳（Arvind Krishna）

解释道："和易葳录一起，我们开始利用 IBM Watson 将人工智能整合到区块链中，来增强该流程的可靠性。"[66] 据克里希纳称，IBM 研究所（IBM Research）创建了一种新的 AI 赋能方法以确保上链到易葳录数字分类账本的所有钻石都是正品，且符合成千上万条法规，包括联合国为防止出售"冲突钻石"而制定的法规。

通过 IBM 自称为行业首创的认知分析技术，直接在数据所驻留的区块链内执行分析，从而避免了提取数据后再分析（后者难免存在欺诈和漏洞）。克里希纳解释说："Watson 会交叉参照每颗钻石区块链上的证书，无数法规和记录，以及供应链和物联网数据，包括日期和时间戳以及地理空间信息等。"

再进一步，系统可以开始分析不合规证书的共有特征，例如其价值、其文档上的签名以及其起源国家等。"人类再也不需要花费无数小时去查看一堆印在纸上的法规条例和各种证书来确保一颗钻石的纯正性、合规性和价值。"克里希纳说。[67] 通过使用认知分析软件来确保合规性所实现的效率，其应用范围远不止在钻石领域，它完全可以拓展到国际贸易的无数其他领域。

（三）用单一的数字账本解决欺诈问题

尽管与"冲突钻石"、黑市和道德贸易有关的问题占据新闻头条，但易葳录的主要收入来源是解决保险欺诈问题。保险业认为，珠宝丢失或被盗的欺诈性索赔是一个重大问题，每年会造成数十亿美元的损失。传统的行业观点认为，大约10%的财产和伤亡保险的索赔是有欺诈性的。[68] 根据这一估算，仅在美国，财产保险欺诈每年就会造成约330亿美元的损失，其中珠宝相关欺诈约为20亿美元。[69] 2013年对143家美国保险公司的调查显示，珠宝相关欺诈造成的损失可能更高，有31%的保险公司估计高达20%的索赔是有欺诈性的。同时，接受调查的保险公司中有57%表示，预计个人保险方面的欺诈行为造成的损失将会增加。[70]

关于钻石珠宝欺诈，有许多可能的情况，例如使用假收据或假证书和假鉴定记录对从未存在的珠宝提出虚假索赔，或者伪造一起抢劫案然后谎称贵重珠宝被盗。另一类欺诈是在相近时间内，向多家保险公司为同一块宝石提出索赔。大部分此类欺诈行为之所以可以得逞，正是因为珠宝的价值要依赖（可以伪造或篡改的）纸质记录来评估。

区块链吸引了更接近供应链消费者端的参与者（包括商人、银行、保险公司和消费者本身），因为区块链提供了一个永续安全且不可变更的账本，可以记录资产、参与者和交易。这意味着保险公司可以验证某种资产（在这种情况下为钻石）是否合法，这让易葳录的解决方案很是引人关注。坎普解释说："在保单持有人对钻石进行投保的同时，易葳录正在提供钻石真实性的验证。使用我们的平台，保险公司可以确信，投保人不会给冒充价值4万美元的假钻石投保。我们还可以验证针对该保单提出的索赔是否合法，并确认这颗钻石没有在之前被用于连环索赔。"[71]

（四）艺术品、葡萄酒、汽车和其他珍贵物品的数字安检门

处理“冲突钻石”以及规避风险和欺诈的能力，证明了区块链对于实现透明供应链有着不可或缺的作用。然而，易葳录的终极抱负是成为各种可交易商品和高价值资产的数字安检门。该公司正在逐步扩大其覆盖范围，并与其他各类组织开展合作。例如，与不列颠尼亚矿业（Britannia Mining）开展商品交易方面的合作；与沙伊咨询（Chai Consulting）开展葡萄酒方面的合作；与华诗达睿（Vastari）开展艺术品方面的合作；以及与 SAP Arib 合作以帮助跨全球供应链跟踪其采购平台上其他各类高风险商品的身份和流动。

高档葡萄酒行业是另一个供应链深受文件篡改和欺诈活动影响的行业，国际市场上销售的葡萄酒估计有 20% 是假冒的。[72] 与钻石一样，优质葡萄酒的源流和真实性对价值的确立至关重要。

沙伊酒窖（Chai Wine Vault）是易葳录和高级葡萄酒专家莫琳·唐尼（Maureen Downey）的合资企业，通过签发以莫琳·唐尼的沙伊鉴别法认证的数字证书来解决这一问题。证书捕获了有关酒瓶的九十几个数据点，以及高清照片和有关酒瓶所有权和存储情况的记录，为酒瓶在区块链上创建了一个永久的数字身份。

当瓶子在不同的供应链参与方之间流动时，这个数字证明会随瓶子一起流动，随着葡萄酒易手，所有权和储存记录也会更新。授

权零售商、仓库、拍卖行和其他销售平台在任意时间访问沙伊酒窖均可查验瓶子的身份，从而在其使用寿命内保证葡萄酒的价值。

和高档葡萄酒一样，艺术品经销商、买家和策展商也同样面临着如何确保珍贵艺术品真实性和源流的问题。在这种情况下，易葳录与华诗达睿（Vastari）合作，共同维护着一个美术和展览数据库，并充当美术馆与私人艺术品收藏家的中间人，美术馆在寻找新作品，而收藏家则希望通过公开展示提高其藏品价值。他们正一起建立全球艺术品数字账本，有关艺术品数据被写入公链和易葳录自己的许可链。数据包含四个关键要素：源流（包括其所有权沿革），参展历史，引用该艺术品的文学作品，以及艺术品的物理特征（例如大小、外观和介质）。

坎普解释说："在许可链状态下修改甚至读取数据的权利仅限于受信任的用户。人们可以想象一个由15家艺术机构组成的联盟，每家机构都运营一个节点，节点上的每个区块都必须有10家机构的签名方能有效。"[73]

至于接下来的事情，坎普认为，不可磨灭的数字身份可以为众多有价值的资产建立源流，增加信任并降低贸易关系中的交易成本。坎普又进一步表示："我们的目标是把服务扩展到更多源流很重要的市场，并继续不懈努力，以实现整个供应链的完全透明。"源流和透明度很重要。知道这些信息以后，易葳录可以围绕与行业合作伙伴一起开发每个用例和行业解决方案搭建业务模式。该公司希望通过几种途径来产生收入：其一是出售其收集的珍贵资产的数据；其二是对数据搜索和数据恢复进行收费；其三是授权给第三方开发人员，收取许可费。

三、有关钻石源流系统的心得要点

要制造区块链创新的机会就需要培育市场和提出令人信服的解决方案。 在钻石开采和加工这类传统行业提到区块链，容易让人联想到加密货币。根据坎普的说法，促进采用新解决方案的第一步是确保让决策者认同区块链的广泛用途。“2015 年我们开始创建易葳录的事业时，对区块链的认识还有待提升，仅有的认识大多还与比特币有关。”坎普说，“我们必须培育传统行业对我们的认知，让他们了解我们开发的是什么，我们也需要努力了解传统行业需要解决的问题，再去把握怎样的应用有望解决这些问题。”各种知识网络，将行业、解决方案提供商和研究人员聚集到一起，对于提高人们对区块链更广泛应用的认识方面非常重要。

区块链对全球供应链的根本价值主张是建立信任、增加透明度和提高效率赋能。 坎普解释说，将基于纸张的流程和文档转换为区块链上的数字版本可为利益攸关方提供更高的安全性和可见性，从而有助于在整个供应链上建立信任。而信任和透明度则可以降低市场风险和减少欺诈（无论是钻石、酒、珍贵艺术品还是其他珍贵资产），从而有助于活跃全球贸易。

区块链和人工智能为数据密集型供应链提供协同解决方案。区块链解决方案的市场竞争日趋激烈，赢得先机的公司不能止步不前。坎普说，易葳录将持续投资研发，以扩展其产品及其支撑技术的能力和有效性，其中也包括与 IBM 等领先公司建立合作伙伴关系提升人工智能和认知分析方面的能力。“最终，区块链和人工智能可以协同工作以实现数据可扩展性。”坎普解释说，“对于包括钻石行业在内的任何供应链密集型业务，都有大量的数据集要创建。通过对这些数据集进行建模，我们可以提炼信息，以帮助客户准确地把握自己要从供应链中获取的信息；通过弄清对象、原因、地点、时间和方法，把握物品的源流。”

成功的区块链解决方案需要一个不言自明的业务案例。钻石开采和分销等传统行业通常不是冒险和创新的代名词。的确，在保守主义为主流的文化里作技术领域的投资决策时，人们通常会给易葳录这类方案提供商为行业决策者提出的商业案例加分。在建立用于珍贵资产的全球数字分类账本时，易葳录的业务模式的价值所在即它为所服务行业带来的成本几乎为零。坎普说：“我们的技术大大降低了客户在供应链上因为各种欺诈和纠纷所遭受的损失，因此实现的收益远远大于技术方面的投入。”

区块链解决方案的商业化是一场马拉松，而不是短跑。 坎普说："初创企业面临很大压力，尤其是在区块链方面。我们怀着伟大的抱负上路：用大多数人认为可以用来做加密货币业务的新技术去解决诸如'冲突钻石'之类的全球性问题，这绝非易事。"坎普指出："尽管有关区块链知识的普及率在过去数年间呈指数级增长，但对于诸多行业而言，它仍被视为一种处于萌芽状态的技术。一项关键挑战就是摆脱炒作，找到一种为客户提供附加值的解决方案。这是一场马拉松比赛，找到志趣相投、志同道合的人与你携手去做是至关重要的。"

Chapter 4

区块链上的农业

有关粮食、农民和融资的可持续解决方案

农业可持续发展概要

这项研究探讨了区块链在农业领域的应用，不是一个典型的金融用例。通过将农业本身视为从农场到餐桌的链条和网络，我们对该过程的每个阶段人们用区块链提高其安全性、效率和可靠性方面所做出的努力进行了分析。

提供跨越全球食品供应链各环节产品源流跟踪和溯源方式，可以确保直接消费者的食品安全并且在全球范围内防范食源性瘟疫的爆发。

智能合约（smart contracts）和产销监管链记录可以减少食品欺诈的情况，还可以找出不值得信赖的中间商以及剥削独立农户和合作社的商业行为。

可持续农业和“本地化经济”合作项目，例如在肯尼亚、缅甸和巴布亚新几内亚开展的试点项目——AgriLedger，可以产生经济活动并在当地保留更多价值，社区甚至可以在自身经济运行范围内推出其独有的加密货币和可跟踪交易所来完善这种经济。

即时的交易、可靠的来源和对货品的路径跟踪（例如，阿肯色州基层农民合作社的源流区块链）可以将庞杂而分散的粮油食品市场转变为以高信任度和高质量为特色的“本地化经济”。

农业金融创新（尤其是对发展中国家的农民而言），包括透明高效的期货合约支付平台、作物减灾智能合约保险以及为服务不足社区提供的小额融资机会，这类业务可以从维持生计水平的贷款发展为对新企业的投资。

一、全球农业面临的挑战

根据联合国粮食及农业组织（UN Food and Agriculture Organization）的数据，2011 年全球发展中国家中有 25 亿人以农业为生。超过了世界人口的 1/3。[74]

但是，由于缺乏成熟的农业技术、商业知识和融资渠道，以及在与规模大得多的购买方博弈时毫无优势，发展中国家的农民仅能获得其作物最终价值的很小一部分。例如，一份有关肯尼亚农民的报告称，他们卖一千克自己种植的咖啡豆只能收到 30 美分，而零售价却是该价格的 100 倍以上。[75]

区块链是一项革命性的技术，它以共享账本或数据库的方式，为众多利益攸关方（有时甚至是有利益冲突的攸关方）提供不可变更的单一信源。区块链通过让农民和其他利益攸关方公平参与全球粮油食品价值链，为原本低效和腐败的商业运作增加透明度，从而让更多发展中国家农业工作者走向富裕。

在农业领域的哪些方面，我们最可能兑现这一诺言呢？首先，是与食品安全息息相关的食品溯源方面。每年，有 1/10 的人因为食物污染而生病，其中有 40 万人因此而丧命。[76] 信息获取能力和可追溯性的欠缺，会造成食品安全事故蔓延范围更广，持续时间更长，造成财务损失更高。2017 年夏天，美国食品药品监督管理局（FDA）花了两个月的时间将在美国发现的染有沙门氏菌的木瓜溯源到一家墨西哥农场。

通过区块链，全球供应链各参与方均可获准访问有关食品源流的可靠信息。然后，他们可以访问链网数据，迅速追溯受污染产品的源头，遏止公共卫生事件爆发，甚至可能挽救生命。

第二类区块链应用是在当地（尤其是在发展中国家）支持农民合作社。合作社汇集了个体农民的资源，是在应对大买家合作和低效或腐败的中间商时有可凭借的有力工具。作为合法的利益攸关者，合作社成员对可持续农业实践具有天然的兴趣。这种实践旨在“尽量减少耕作和用水，鼓励通过间作不同庄稼维持土壤健康，将农耕与放牧融为一体，并且通过培育可以防控害虫的生物，降低农药使用。”

区块链可以帮助合作社农民保留更多的利润，确保他们不会放弃长期可持续发展实践来换取短期利益。可持续农业是对本地化经济的补充，其目标是使生产者和购买者在当地进行交易，从而将经济价值保留在社区。

第三类是农业金融，其中包括为农业企业提供的金融服务。许多应用通过发挥区块链透明的特性和智能合约自动化的优势，让面向农民（尤其是发展中国家的农民）的融资和保险服务变得更加可行。

最后，第四类是精益农业，即借助数据采集和分析技术的进步的高精确度的决策。使用区块链，对来自土壤传感器、气象卫星、无人机和农场设备的数据，进行汇总和分析，以此在单个农场层面和社区层面提高决策和自动化水平。

二、农业方面的三种用例

（一）食品安全

有关溯源的区块链应用属于区块链应用在农业领域方面发展得最好且被重点宣传的一类用例。沃尔玛-IBM 食品生态系统（Walmart-IBM food ecosystem）就受到了高度关注。[77]

不那么为人所知的是中国电商巨头阿里巴巴（Alibaba）与澳大利亚和新西兰的食品供应商以及澳洲邮政（Australia Post）和普华永道（Pricewaterhouse Coopers）合作推出的另一个食品安全与溯源试点项目。[78] 灵敏的初创企业也加入了应对食品安全和溯源问题的努力。例如，一个关键试点项目就是用区块链对印度尼西亚出产的海鲜提供近乎实时的监控和溯源服务。但凡有批发商违规操作，网络即可在数小时之内将其侦测锁定，并制止或作出其他处理。在该系统实施前，找出肇事者需要花几天甚至几周的时间。而在此期间，肇事人就可以毫发无损地消失无踪，或者假借他名继续营业。[79] 其他项目也各有其专注的品类。法国船级社的项目（Bureau Veritas/Stratumn）专注于金枪鱼，沙伊酒窖和安永的酒链（Wine Blockchain EY）专注于葡萄酒，安众（ZhongAn）则专注于家禽。[80] 多数情况下，项目重点都在农场端，而非从农场到餐桌的全过程。

降低家禽传播疾病风险是食品安全的重点。世界卫生组织指出，食用甚至只是接触被感染的畜禽，都有可能成为病菌的携带者。通过这种途径禽流感之类的动物传染病会传入人类社群。严重的甚至可能引发全球性的瘟疫流行。手机应用软件 Intellichain 采用分布式人工智能代理模拟和虚拟现实技术，把利用区块链记录的传染病传播监控和分析数据通过视觉呈现。公共卫生官员可以用 Intellichain 对源自食品区块链的数据作分析，以监控疾病在动物群落和人类社群的传播，诊断是否存在动物传人的突变，并找出突变所在的食物链的具体环节，并确定突变是如何发生的。

对食品行业决策者而言，问题不是为何要用区块链，而是如何将区块链植入食品安全系统。这儿有几个问题需要考虑。首先，虽然将区块链与物联网结合开发的溯源机制是具有革命意义的，但是它并不是万能药。Inscatech（一家致力于开发打击食品假冒工具的企业）的首席执行官米切尔·温伯格（Mitchell Weinberg）说：

> 问题在于，只有提供数据的人靠谱，数据才能靠谱。在多数供应链里，都存在一个或多个不靠谱的数据提供方。这意味着，除非对所有录入数据都进行详查以确保其准确性，否则在防范食品造假方面，这些工具起不到作用。[81]

区块链当然并非无用。不过因为数据缺失或者数据无法采信，它的有效性被局限了。为了让局限最小化，我们不应当单靠物联网、区块链和智能合约这些技术来开发孤立系统。这个系统应该由其社会技术背景来设置。譬如，针对食品监管检查常不到位的地方甚至存在地方性腐败的地区作地理标定。

另一个问题是，杂货商和餐馆这类行业参与者的利润水平通常都出奇地低，而开发食品溯源系统的成本相当不菲，且未必能增加其收入。因此，盈利动机通常并不是投资此类创新的推动因素。像沃尔玛这样的零售巨头有资本也有创新的动力去满足监管检查机构的要求，但是，即便如此，这样的行业巨头还常常只愿意以最低合规标准来开发系统，而不再考虑更多。这样的结果就是，整个行业会出现多条用于食品溯源的区块链，每条链的用途都不大，互相之间却难以沟通。在出现大规模食品污染事件时，现有系统未必能承担起迅速找到污染源的任务。

我们与总部位于华盛顿的全球食品追溯中心（Global Food Traceability Center）的前执行董事布莱恩·斯特尔林（Brian Sterling）进行了对话。斯特尔林先生说，解决该问题的关键在于“追溯性免费”的思维。[81] 在全面质量管理（Total Quality Management）和六西格玛改进项目（Six Sigma improvement initiatives）中，“质量免费”表达的观点是，在世界级的运营体系内，流程管理得当，系统才可以提供一种免费的副产品，即“高品质”。循着同样的脉络，他看到的是世界级的供应链可以运营得如此良好，以至于可追溯性成为供应链系统的一种与生俱来的能力，无需其他系统来落实。目前看来，沃尔玛、阿里巴巴和Provenance的可追溯性区块链是有望替代JDA软件、SAP、甲骨文（Oracle）和各种定制系统的。根据斯特尔林先生的观点，沃尔玛的这种食品溯源区块链如果与该公司卓越的供应链管理系统高度融合，则必将达到一个新高度。那时候，沃尔玛及其合作伙伴就可以宣告“追溯性免费”了。

第三个问题对食品业界的决策者和像IBM这类区块链技术公司而言同样关键，那就是，食品真是无处不在（它比汽车、智能手机，甚至鞋子还普及），全球食品供应链较之其他行业的供应链而言更像一锅五味杂陈的大杂烩。为了实现全球性食品安全区块链，阿里巴巴、Provenance、沃尔玛等各家的区块链技术公司应该实现互操作，或者至少做到能互相沟通。塔普斯科特父子构想出了一种具备链间互操作性的治理架构。[82] Aion Network（前身为Nuco公司）为实现塔普斯科特的愿景迈出了第一步。它正在搭建一个网络基础设施，以桥接各种不同的区块链。[83] 其开发侧重点在于底层协议和硬件层面的互操作性。

不过，需要做的工作还有很多。约克大学区块链实验室（York University Blockchain Lab）做的另一项尝试是用本体论实现区块链的互操作性。[84] 其他此类新方案都要求在各种不同食品区块链之间实现相互沟通。为了实现链间互操作，我们必须让它们能够通过不同链间的语汇和术语共享在语义的更高层面实现相互沟通。诸如GS1[85] 和联合国贸易便利化与电子商务中心（UN/CEFACT）的国际供应链参考模型（ISCRM）之类的全球性供应链标准必须落实到各区块链里。这样，不同的食品区块链才能实现“相互对话”。

（二）可持续农业与本地化经济

从活动范围来看，农业实体涵盖了从全球性联盟到本地农业社区的各个层面。而自古以来，合作社就是很多农村经济的基石。一些区块链顺应了这种思潮，正在为可持续农业营造基于社区的更低碳的路径，为本地食品经济发展作出应有的贡献。

尤其在发展中国家，小农户们已经组织起合作社，与盘剥成性的中间商展开集体谈判。然而，即便是以合作社的方式去努力，他们还是会因为纸质文件的低效甚至恶意处理以及非正式协议和口头协定而遭受损失。Agriledger 是旨在将农业合作社数据和相关交易数据上链，以减少这类损失的公益项目。参与项目的农户可以用手机访问区块链。Agriledger 已在肯尼亚、缅甸和巴布亚新几内亚开始项目试点。

Provenance 正在为阿肯色州基层农民合作社开发用于监测肉制品的区块链。这个合作社是由国际小母牛组织（Heifer International）出资组建的，后者系一家旨在为美国和美国以外的贫困社区建立可持续农业和商业而努力的非营利组织。它采用了诸如微孵育、微蓄养等方式，使用无荷尔蒙草本饲料，利用本地供应商和本地服务，实现本地递送到家、到餐馆等永续发展式操作。这很重要，因为它意味着溯源的可信度："从农场到餐桌"的路径简单，因而对数据进行实时综合性采集、审核和跟踪都是可能的。有关肉制品的信息会注册上链，并以二维码的形式被贴在产品包装上。顾客通过扫描二维码不但可以了解到肉的质量，还可以知道畜禽是怎样被养殖的，哪些人参与了生产过程。

区块链有望存储与肉类食品有关的更精细的数据，甚至可以精细到 DNA 层面。我们对加拿大阿尔伯塔大学（University of Alberta，Canada）农业营销与商业专业教授艾伦·戈达德（Dr. Ellen Goddard）作了访谈。她参与了加拿大牛基因组项目。这是一个耗资数百亿加元，由科学家和畜牧业共同参与的新项目，旨在为加拿大的牛种做基因组测序，用以创建一个参考基因库，以便给未来育种作决策参考。她将区块链视为发挥基因组科学潜能的一种机会。[86] 在她看来，食品安全是它明显可以发挥优势的地方。arc-net

是一家致力于可追溯性的区块链初创企业，它提供了一种独特的、部分由DNA编码构成的食品身份识别号。

戈达德博士还认识到基因组和区块链可以如何为可持续农业服务。以更高的牛奶产出为目的的奶牛育种操作已经破坏了基因多样化。人们正在采取一致行动来扭转这种趋势。再者，区块链可以让奶牛的生物多样性（即母牛在血统上的多样性）遗传标记成为透明且防篡改的记录。通过在区块链上访问这些信息，并将其与奶牛的产奶能力和生产性特征、生育能力、健康状况，以及产仔难易度等功能性特征进行比对，奶农们就可以作出更具可持续性的育种决策了。

我们还与一家总部位于阿姆斯特丹的软件公司FORK的创始人玛丽耶克·德·勒伊特·德·维尔特（Marieke de Ruyter de Wildt）进行了交谈。FORK公司开发了一个区块链平台，并且聘请了不少食品供应链专家。这家公司做的一个概念验证项目，是对南非葡萄认证的信息进行管理，涵盖的对象包括：农户、审计师、标准制定机构和地处欧洲的零售商。她认为，一项不起眼却潜力巨大的区块链应用是培养消费者与种植者之间的亲密度，譬如，荷兰消费者与南非果园园主之间。维尔特认为区块链可以帮助加强消费者对南非葡萄和果园以及葡萄转运状况的了解。这种透明度可以在消费者与食品之间创造更高的关联度，就像他们享用的食品是本地产出的一般。也就是说，区块链可以帮助消费者品味来自全球的美食，同时感觉食品仿佛产自本地一般亲近。

区块链可以存储的信息远不止严格意义上的食品安全溯源信息。譬如，基层合作社组织通过区块链将有关畜禽福利和生产作业人员的数据分享给顾客。因为更高的透明度可以让合作社的那些有健康意识和可持续发展觉悟的顾客认识到食品所蕴含的更多价值。无论是基层合作社还是FORK，他们用区块链做了很有意义的事：以合作方式运作的食品安全区块链呈现了可持续发展和“本地化经济”所带来的裨益。

另一个名叫FarmShare的早期创新项目所做的正是这样的事情。FarmShare将自己界定为服务“本地化经济”的分布式区块链平台。通过平台，本地社区就可以搭建并运营虚拟农贸市场了。它支持与其他本地交易市场连接，这样用户就可以用苹果交换其他用户在其他社区微店网上链的农副产品。FarmShare以自己发行的本地货币——FarmShare通证来实现这些交易。由于FarmShare是在以太坊（Ethereum）上开发的，顾客和农户需要先拥有以太坊加密货币以太币，然后再将其兑换成FarmShare通证。顾客向农户支付通证，约定农户每周定时交付产品，或者约定在实体农贸市场当面交易时进行实时支付。通证也代表FarmShare的股份，这样一来，如果FramShare的链上农贸市场交易活跃度和价值提升了，通证相对于以太币就升值了。

这种应用的主要问题就是谁来出资搭建区块链。“本地化经济”参与者通常资金不充裕，对技术和商业的认识也不深，因而即便看到较高的投资回报率（ROI），他们在区块链解决方案的商业价值方面的认识仍然不够。像 AgriLedger 和基层合作社组织这两个区块链平台，都是有慈善组织参与和投资的。FarmShare 的目的是打造营利企业，它未必收取交易费或服务费，但它支持用以太币换取自家的通证。以太币市场的流动性很高（2018 年 10 月的交易规模为 210 亿美元）。[87] 因而，将以太币兑换成现金是很容易的。另外，依照规则，FarmShare 会创造并持有大量通证，随着它所管理的各个市场的经济活动增多，这些通证也会随之升值（就像在股票交易所竞价购买会推高股价一样）。

作为非常早期的初创企业，FarmShare 面临着诸多挑战，目前该项目已处于停滞状态，但是它的商业模式里应该有可取之处。

总体而言，“本地化经济”的参与者可能不具备投资区块链解决方案的意愿和能力，但是有其他人可能愿意为他们进行投资。因为区块链所能激活的经济活动对于没有营利动机的慈善组织或政府机构而言可能是有价值的。另外，区块链提供方也可能会有投资的动机，因为他们可以将增加的活动量转化为货币价值增量。

（三）农业金融

在农民交易方面，有很多新型区块链应用。2016 年 12 月，有 23 吨小麦在澳大利亚进行了交割，这笔交易被记录到区块链上了。

交易是通过自动执行 AgriDigital 商品管理平台上的智能合约来完成的。该智能合约执行了一系列任务，其中包括对交付商品进行估值，核验购买方资金是否充足，以及为种植户监管相关交易的资金。一旦种植户完成实际产品交付，谷物的所有权就会转到购买方名下。与此同时，监管资金即刻以付款的名义被转到种植户的账户之中。

区块链可以帮助政府和非政府组织为方便发展中地区农民参与全球期货市场扫除障碍。购买方在收获季前签订西非可可豆或印度甘蔗的定价合同。然而，若是这些商品的期货价格导致合同无法获利，购买方有时会反悔而拒不履约。因为农民的资源非常有限，拒不履约的买方也吃定了农民无从追索。即便农民想尽办法找到其他的买主，他们还是需要降价出售，而且如果问题解决耗时太久的话，作物可能会遭受大面积损坏，致使销售量减少，从而导致进一步的损失。

AgriDigital 也在使用“通过在区块链上运行‘智能合约’的方法让农民实现实时交易，试图以此解决该问题。由于事先认可的逻辑已被植入区块链（只要各方都同意），资产所有权一旦发生转移，付款动作会即刻发生”。这样就遏止了毁约跳票的行为，因为付款是定时自动执行的，而若是购买方主动停止支付，则会留下一连串可以用来起诉的完整的证据。

Etherisc 是一家用区块链技术提供分布式保险的初创公司。这家公司为如何帮助发展中地区的农民走出困境提出了自己的构想。作物保险可以让缺乏充裕资金储备的农户在其作物遭受重灾时获得保险偿付。此类保险在这些地区的用处虽然很大，但其使用率却相当低，农民无法获得保险偿付的情况时有发生。因为他们要么无法应对复杂且常伴有腐败的索赔流程，要么无法完全理解所购保险的合同条款。农户无法支付保险费的现象也时有发生。Etherisc 采用的是特定事件的发生（即模型设定的某些参数达到阈值的情况）可触发智能合约的参数保险。

在其中一个用例里，发展中地区农户每月交 1—2 美元的保险费，提供保费这么低的保险产品，对传统保险公司而言是无法做到的。Etherisc 会在农户所在区域降雨量低于保险阈值时执行智能合约，自动给投保农户提供赔偿。有关降雨量的信息将取自可靠的气象数据库。理赔过程极少存在人为干预。这样便降低了保险的成本。更重要的是，农户可以及时收到理赔资金，而无需应付不时出现的腐败官僚。Etherisc 正在将保险作业与 M-Pesa（非洲发展中地区使用的手机支付平台）进行集成。[88]

另一个例子是初创公司 Everex 用区块链为发展中地区提供小微金融（microfinancing）服务。这个项目的资金将不可避免地要借给农民。小微金融是指为向在所在地区的传统银行举债无门的企业或个人提供小额低门槛贷款的服务。小微金融的主要问题是借贷资金常常被用来维持生计，而未必是用于发展业务。如此一来，借方的债务负担会进一步加重。贷方通常会收取超高利润率（例如，一家墨西哥大型银行的放贷利率是年化 200%），活生生地将本意良善的项目做成了高利贷。从贷方的角度来看，借方风险很高，借贷金额又小，加之存在腐败的可能，贷出资金的单位管理成本相对而言更高。通过提供可见性，以及用智能合约实现自动化处理和加速转款进程，Everex 可以大幅削减贷方成本，使其能够为借方开出更好的贷款条件。借方也得以申请更高金额的贷款来投入业务发展，而不是维持生计。

我们与 ixo 基金会创始成员安妮·康奈利（Anne Connelly）进行了交流。该基金会是总部位于南非的一家致力于实现联合国可持续发展目标的非营利组织。ixo 正在制定一项旨在让可持续发展组织围绕其已完成的工作创建成效索求的协议。索求内容可以涵盖提高农场收成、交付疫苗或者增加人们受教育的机会。成效由评估师或授权验证机构验证完毕后，通过 ixo 的去中心化的成效交易所创建成效证书（proof of impact）。持有该证书的组织，可以通过诸如社会成效债券和政府补贴获取资金。出资方则可以因此降低投资相关成本。

经过验证的成效索求数据保存在全球成效账本（Global Impact Ledger）上。一个由出资人、机构、研究人员和政府共享的开放数据平台，为用户提供信息，帮助其在工作中进行决策优化，以完善工作成效。ixo 基金会与联合国儿童基金会（UNICEF）合作推出的一款叫 Amply 的应用软件已在试用阶段。该应用可以根据 ixo 协议跟踪学前教育入学状况。在南非有 72 所学校已经使用该应用。目前已登记 44 000 条记录，提供有关受教育机会的有价值的数据。有了这些数据学校可以更好地向政府申请相关补贴。

联合国的 17 项可持续发展目标的前两项是“无贫困”（No

Poverty）和“零饥饿”（Zero Hunger），因此诸多联合国项目专注于改善发展中地区的农业。康奈利希望 ixo 可以提高这些项目的成效，成为区块链改善发展中地区农民处境的典范。

金融业是率先应用区块链的领域。因而，此处述及的一些例子将源于金融操作的区块链设计借用到了农业领域。这一点并不让人感到意外。与此相反，有关食品安全，可持续农业和“本地化经济”的区块链解决方案则是直接应对农业问题而构想出来的，金融业区块链方面的创新节奏很快，对农业界的决策者而言，他们需要确定是否将该领域的应用借用以解决农业问题，以及该如何借用。

三、关于农业应用的心得要领

食品安全溯源是目前最普及的农业区块链应用。随着以区块链为基础的食品安全创新方案得到广泛认可，我们向决策者提出如下以引领潮流为目的的建议。我们采访的区块链先锋人士为形成这些见解作出了贡献。

组织可以在其食品安全项目中试验并加入区块链技术。 确保将社会技术因素考虑在内，为应对溯源路径中最薄弱环节（数据的错误、不完整和缺失）设置适当的激励因素和场景。

规划并推动所在价值链体系内的变革推动者和关键人员的合作（例如与 SAP 或 Oracle 合作）。 这种合作关系可以在区块链与价值链体系之间形成紧密的联动，实现世界级的溯源能力，也可谓运营世界级价值链的副产品。

参与诸如 GS1 和联合国贸易便利化与电子商务中心这类组织的全球性标准制定项目。 这类组织需要确保自身的区块链与这些标准相衔接，以便与其他区块链实现互通，成就全球性的食品溯源能力。

倡导对区块链和农业知识展开个人自学和社群学习交流。 德·勒伊特·德·维尔特说，在 FORK 的聚会上交流的信息很有意义，因为聚会交流的不光是关于区块链的话题，还会涉及相关的用例。从与软件开发人员、农场工作人员、品牌经理以及政府官员等方方面面的人士的交流中，他们得以集思广益。她说，自己之所以能说服一些公司在 FORK 项目上投入时间和资金，部分应归功于这些聚会。

为自己的概念验证项目做投入。 显然，最具企图心的公司应该投资做自己的概念验证项目，就像 FORK 的南非葡萄证书管理项目、ixo 的成效交易所项目、Etherisc 的作物保险智能合约项目、AgriLedger 的合作社数据采集项目、FarmShare 的本地经济交易平台项目以及 Everex 的小微金融平台。

为自身的概念验证项目投入时间或资金。 合作企业告诉德·勒伊特·德·维尔特，他们想试试水，亲身了解FORK公司如何工作，通过在其生态系统与其他合作伙伴协作，降低自己单干的风险。

在考虑参与任何发币活动之前，做好详尽的调查。 ixo基金的康奈利告诉我们，如果ixo发行虚拟币，那么创始合伙人联合国儿童基金会将成为持币人（coin holder）。首次虚拟币发行（ICO）作为一种新的融资方式相对于首次公开募股而言，监管更松，门槛更低。联合国儿童基金会不但会成为用于衡量开发项目效应的ixo区块链的关键客户，还会成为其关键股东。

考虑购买在自身搭建区块链时能起到作用的第三方的虚拟币或通证。 购币增值与直接支付一起构成了合作伙伴的收入，ixo、FarmShare、AgriLedger和Etherisc等无不如此。通过从区块链直接收取费用和提取利润，以及持币增值，参与区块链平台的农业组织可以放大自己的投资回报率。

区块链很有可能会重塑农业。我们希望本研究报告能帮助全球农业生态系统的利益攸关者整装开启新的旅程。

Chapter 5

用区块链实现食品溯源

沃尔玛与 IBM 合作试点猪肉和芒果溯源

食品溯源概要

为了应对世界各地发生的食品污染丑闻，全球零售业巨头沃尔玛正在用区块链技术解决食品安全和交付问题。它与食品供应链系统协作，力求监控整个供应链的全貌及各环节之间的关联状况。

2016 年，沃尔玛在北京组建了沃尔玛食品安全协作中心（Walmart Food Safety Collaboration Center），宣布在 5 年内投资 2 500 万美元支持研究如何保证食品安全的课题。采用基于 Hyperledger Fabric 的 IBM 区块链解决方案，沃尔玛成功完成了两个区块链试点项目：在中国的猪肉溯源和在美洲的芒果溯源。[89]

通过从农场到餐桌的溯源方法，沃尔玛的区块链解决方案将芒果溯源所需时间从 7 天压缩到了 2.2 秒。[90] 沃尔玛食品安全副总裁法兰克·扬纳斯（Frank Yiannas）对区块链在促进沃尔玛食品供应链的共同价值和透明度方面的潜力非常认同。IBM 区块链业务发展副总裁布里吉德·麦克德莫特（Brigid McDermott）把这称为“完整的端对端可追溯性”。[91]

本章探讨了沃尔玛为何要用区块链进行食品溯源试验，它如何与 IBM 合作挖掘区块链在解决食品安全问题方面的潜力，以及通过两个试点项目，各参与方获得了怎样的认识。突出介绍了在食品供应链方面应用区块链所面临的整体挑战，以及在为整个全球食品生态系统提高安全性和减少浪费方面，推广区块链应用的机遇。

一、破碎的食品供应链

（一）越来越多的食品污染丑闻

大量文件可以证明，食品管理不当和食品污染会危害健康。美国疾病控制与预防中心（CDC）估计美国每年有 4 800 万人罹患食源性疾病。[92] 世界卫生组织（World Health Organization）则预测全世界范围内每年有 10% 的人遭受食物中毒，其中有 42 万人因此而死亡，其中儿童和青年所占比例令人惊讶。[93] 人们在食品供应链条中的行为不端是导致全球性食源疾病的主要原因。

1. 欧盟：马肉丑闻

2013 年，欧盟供应链（EU supply chain）中的不端分子把马肉当成羊肉和牛肉来卖。这样移花接木的违法行径影响到了超过 450 万件食物制成品，最少相当于 1 000 吨食物。[94] 这种故意的集体欺诈行为严重地影响了欧盟食品和饮料行业，相关企业的赢利能力和企业形象均遭遇严重的打击。据普华永道和田间环境安全保障组织（Safe and Secure Approaches in Field Environments）的研究，食品欺诈事件每年给全球产业界造成的损失达 400 亿美元。[95]

2. 中国：猪肉虚标和驴肉掺假问题

以经济利益为驱动的食品掺假（亦称食品欺诈）在世界各地均有发生。2011 年，中国的沃尔玛超市发生了一起猪肉虚标丑闻。同年，还出现了驴肉掺假事件，驴肉中掺杂了狐狸肉，导致大量驴肉制品被召回。[96] 掺假肉向中国零售市场渗透的现象值得警惕。其他涉及三聚氰胺、苏丹红、瘦肉精、三鹿毒奶粉和地沟油等的食品污染事件无不侵害着食品供应链，侵蚀了中国人对食品市场的信任。由于粮食物流系统的不透明，中国农业持续面临每年高达 25%—30% 的价值损失。[97] 经济合作与发展组织（Office of Economic Cooperation and Development）的一份报告指出了一系列问题，诸如食品供应链各环节信息缺失、粮食分散存贮在农场而非商业或政府设施、餐饮领域存在大量浪费，以及相关监管机构和部委间缺乏协调等。[98]

3. 美国：从可疑菠菜到变质木瓜

2006 年，为了找出菠菜大肠杆菌事件的肇事者，北美地区整个生态系统（批发商、零售商、农场主和监管机构等）耗费了大量时间、精力和资源，公众对供应链的信任急剧丧失。美国消费者都不再吃菠菜了，餐馆纷纷将菠菜从菜谱上抹去，食杂店都将菠菜全部下架。卫生官员花了两周时间才找出菠菜的污染源。最终确定，污染与一家供应商某一天的一个生产批次有关。无法迅速追溯到菠菜的污染源给所有种植菠菜的农场主造成了重大经济损失，也严重地侵蚀了消费者对这一商品的信任。

2017 年 7 月，美国多个州爆发了木瓜遭沙门氏杆菌污染的事件。据 CDC 披露，截至 2017 年 8 月中旬，有 21 个州发生沙门氏杆菌感染病例，累计报告 173 例，58 例入院治疗，1 例死亡。[99] 卫生部门官员一开始便建议所有美国人避免食用木瓜，也建议零售商停止销售木瓜。即便沿用了应对菠菜危机时的办法，卫生部门仍花了约三周时间才将问题木瓜溯源到一家位于墨西哥的农场。未受沙门氏杆菌影响的地区（如中美洲国家和夏威夷地区）的木瓜种植者，同样因为有关部门追溯食品问题效率低下的原因，而蒙受了经济损失。

（二）“一上一下”的方法是不够的

在上面的案例中，溯源能力低下往往是因为供应链各参与方采用各自为政的记录方法。而且，在工业界广泛认可的“一上一下”（OUOD）的办法［即食品供应链参与方只需确认其食品或食材的直接供应商（供应链上游的一环）和直接顾客（供应链下游的一环）即可］是完全不够的。

怀疑有食品污染事件爆发时，调查者通常要一步一步地翻阅纸质文档。数据错误或缺失会进一步给调查造成困难。由多种成分构成的食品，其原料来自各种食品链和各个国家，进口商最终不得不依靠从别国到进口地点之间晦涩难懂的追溯系统（如果有的话）来进行这种操作。如果存在原料用过混装集装箱或散货集装箱的情况，溯源就会愈加困难了。

作为预防性步骤，所有的货都需要被抛出来按当前的“一上一下”规范来处理。借助区块链技术，监管机构可以在更早的环节确定这些批次的食品是否安全，从而挽回数以百万计的销售额，并挽救宝贵的生命。

二、沃尔玛食品源流区块链应用试点

为了加强人们对食品供应链的信心，沃尔玛必须改进“一上一下”模式的溯源方式。沃尔玛和 IBM 有过协作经验，他们此次又在一起开发并实施食品溯源试点项目。[100] 正如布里吉德·麦克德莫特所言："区块链解决了以信任为基石的商业问题——数据库没法做到这一点。"[101]

她指出区块链区别于数据库的两个关键功能：其一，数据不可变更，其二，信息散布形成了单一信源。"记录一旦被保存到区块链上，无论是日期时间还是温度控制信息（或者供应链上的每一步以及每一个阶段的任何参数）都无从篡改。"她说，"其次，这种技术可以让信息在迅速散布的同时得到保护。它实现了高速与可靠的结合，以及数据的不可变更，搭建好信任的平台。"

IBM 的项目领军者认识到通过使用现有开放标准，如 GS1 的电子产品编码信息服务（EPCIS）和核心业务词汇（CBV），可以加速区块链的应用，避免造成内部系统和数据激增。区块链及这些标准的同步让沃尔玛得以在供应链中跟踪追溯单件货品的情况。

各参与方之间的互操作性非常关键。"消除各种障碍……包括那些因录入系统迥然不同而造成的障碍，区块链甚至进一步巩固了这种信任。"麦克德莫特说，"这就是为何我们与客户一道，并与其他业界领袖协作，将 GS1 开放标准应用到各自的工作中去。"

IBM 区块链是基于 Hyperledger Fabric 的，后者支持面向需求的模块化架构和即插即用组件，如共识服务和成员服务等。它既支持高效数据捕捉，也支持数据控制。

至关重要的是，不同的用户可以在任意时间看到同样的事实。“在食品安全方面，我们不想要匿名。我们要清楚明了地知道某个食品在某一给定时段由谁负责。”[102] 找出能反映透明度的增值属性是区块链跟踪必不可少的话题。麦克德莫特解释道：

> 大家没有区块链也能过，我们想做的是为整个生态系统提供信息。人们选择不这样做是因为他们担心自己会失去对信息的控制，或者担心自己在使用信息时相对于他人处于劣势。区块链让人们对自己信息的所有权和控制权减弱了。

对于食品链而言，区块链成了分步操作例如标识号、制造商、可用的设备更新、已知的安全问题、授予的权限和安全协议等记录的保存者。此类数据按时间顺序实时记录，并作为电子证书的一部分永久存储。

这种基本信任具有飞轮效应（flywheel effect）。麦克德莫特说：“它所提供的信任能够让促成企业交易的关键数据实现更有效、更完整的共享。”在接下来的两节我将更详细地介绍沃尔玛在中国的猪肉溯源试点和在美洲的芒果溯源试点。

三、遍布中国的猪肉源流区块链

根据美国农业部经济研究局（ERS）的数据，中国是猪肉的主要进口国，而中国的猪肉产量也约占世界猪肉总产量的一半。[103] ERS 在其报告《由于生产成本上涨，中国猪肉进口量持续上升》（*China's Pork Imports Rise Along with Production Costs*）中指出，美国的大型工业化生猪生产体系正在迅速取代小规模的“后院”生猪养殖。[104] 为顺应这一潮流，中国呼吁国内的生猪产业界落实从农场到餐桌的现代化生产体系的搭建。

随着中国客户的关注点转移到食品安全和质量上，信任成为客户购买决策中的基本要素。中国政府正大规模投资食品体系建设以加强食品检验和食品安全措施；为此，政府还敦促生产体系升级，并与零售业巨头们展开相关合作。政府的关切是一个机遇。

鉴于中国庞大的人口规模和中国民众以猪肉为主要动物蛋白来源的巨大需求（每年猪肉消耗量 1 270 万吨），沃尔玛有动力在中国探索新的食品溯源技术。

（一）协作

2016年10月，沃尔玛设立了食品安全协作中心（Food Safety Collaboration Center）。[105] 在该中心开幕时，沃尔玛商店总裁兼首席执行官董明伦（Doug McMillon）说："通过召集整个食品生态系统中最优秀的食品安全专家，从农业从业者到供应商、零售商，再到政府监管机构，我们将在食品安全方面加速投入，让中国家庭购买到更安全和更健康的食品。"[106] 该中心工作人员已着手对食源性有害物进行研究，并力求制定其他公司和机构均可采用的全面食品安全风险评估模型。沃尔玛还对食品相关技术研发投入了资金，涵盖了食源性疾病和有害细菌的检测，以及对供应链内包装食品异常污染状况的监测等方面。

沃尔玛食品安全副总裁兼该中心特别顾问法兰克·扬纳斯认为，区块链在给小型和本地企业赋能使其在农产品供应链中维护自身系统控制力方面具有很大的潜力。沃尔玛与IBM在食品溯源方面进行了协作。它在中国的试点项目通过区块链技术以安全透明的方式实现了对食品源流的跟踪和验证。

与政府的合作对于沃尔玛区块链试点项目的成功至关重要。好消息是，监管机构对区块链技术及其潜力的开发充满热情，因为这与他们的工作目标是一致的。监管机构从未对技术抱有如此浓厚的兴趣和热情。在协作方到位且项目获得监管机构的批准后，沃尔玛已准备就绪，将区块链技术的功能应用于猪肉安全和供应链管理。

IBM 区块链解决方案的许可链性质可支持制定满足特定生态系统所有参与方需求的治理策略。该解决方案基于 IBM 区块链平台构建，利用该平台的投票流程，它通过“收集会员的签名，可以管理新会员的邀请、智能合约的分发和交易渠道的创建”。[107] 关键是，区块链不只是一种技术解决方案。它是在任何交易都尚未发生时，将生态系统中业务规则（例如对成员的要求和承诺、数据权限、数据所有权和决策权限等）进行实例化的一种方法。

（二）对农场和肉联厂的生产状况的跟踪

对于生猪猪肉而言，供应链流程起始于存栏状态（此时，每头猪都被用条形码作了智能标记），然后对产品一直跟踪至成品包装猪肉状态。通过使用 RFID 和摄像头，参与方还记录了猪的运动情况。而肉联厂内安装的摄像机则可以对整个生产过程进行摄像。这些努力可以优化牲畜蓄养流程，保护仔猪免受伤害，为母猪和仔猪提供个体护理，以及调节温度为仔猪维持温暖环境，同时也为母猪提供凉爽的环境。

在猪肉运输过程中，运送猪肉的卡车安装了温湿度传感器、全球定位系统和地理信息系统，以确保猪肉在安全状况下运送给零售商。借助这些技术，沃尔玛可以追踪卡车的行踪并监控每个冷藏集装箱里的状况。如果条件超出既定阈值，系统将发送警报以提示采取纠正措施。

（三）对沃尔玛配送中心和门店状况的跟踪

借助区块链，采购经理可以在一个不可变更且防篡改账本上远程无时差地追溯从有效期到仓库温度的所有信息。区块链网络参与方可以查到有关农场起源、批号、加工数据、土质和肥料，甚至存储温度和运输等信息。所有这些都会被上传到电子证书上，然后通过二维码与产品包装关联上。

> 沃尔玛的区块链试点项目引入了各种数据采集系统，提供从农场到商店相关信息的速度和准确性也大幅提高了。这样的系统通常含有带有操作方生产批号或出货批次的全球贸易项目代码（GTIN），或者较少使用的序列化GTIN（即sGTIN）和由美国国防部使用的唯一识别码（UID），或者其他制造业产品使用的全局唯一标识符（GUID）。[108]

溯源系统旨在提高食品安全水平和增强公众对猪肉的信任。目标是，任何人因食用受污染食物而染病的话，溯源系统均可更好地确定应剔除哪些产品，同时把安全的产品保存下来。

在整个产品生命周期中，供应链各参与方对产品进行记录和交叉检查，确保产品真实纯正，跟踪产品的运输和保存质量的状况。

凭借其整体溯源模式，这种区块链解决方案有望降低产品召回成本，改进效率低下的流程，使零售商能够在数秒内而不是数天内以数据的形式完成对单件猪肉产品的跟踪。

四、美洲芒果的源流区块链

沃尔玛同时还在美洲开启了芒果源流区块链试点项目。食品生态系统无法快速追溯到受污染农产品（例如菠菜和木瓜）的来源的问题，是催生该试点项目的关键。根据 IBM 的麦克德莫特的说法，即使发生菠菜或类似产品的召回事件，区块链的可追溯性仍可以增进公众对相关产品的信任——哪种产品不好，哪些可能有问题，哪些可以安全食用，消费者能够一目了然。

由于芒果在各大市场都很受欢迎，世界各地都有鲜芒果及其衍生品出售。此外，与其他农产品一样，它们也容易遭受李斯特菌和沙门氏杆菌的污染。因此，沃尔玛的芒果源流区块链试点项目必须支持跨境转运和跨境问责。这一区块链试点项目非常直接：沃尔玛用基于 IBM Hyperledger 的区块链对切片芒果从南美洲和中美洲到北美的路径进行追踪。[109]

（一）食品生产（种植阶段）

芒果在种植期间会遭受诸如水果腐烂、表面缺陷、内部溃烂、冻害和热害、成熟期失调等水果病害。从种苗前到收获后，每一个环节都需格外小心照护。

由于农业具有季节性，生产阶段往往需要采用“全部出动”的办法。生产方可能会为了赚快钱而施用含有有害物质的肥料、雇佣童工、支付超低的工资或要求工人超长时间工作。工人可能没签长期合同，也没有工会帮助捍卫自己的权益。要加入使用分布式账本技术的食品供应链，供应商可能会被要求（亦可彼此要求，取决于具体的账本治理原则）记录某些会触发对以上行为报警的数据。[110]

此外，区块链可以将被边缘化的农民纳入其中，他们对市场价格和生产投入的了解有限，质量管理手段也有限，与贸易商讨价还价的情况基本不存在。通过将这些农民聚集在一起并在区块链上记录下他们的交易和协议，应用了区块链的供应链可以赋予他们参与市场的能力。通过苛刻的压价，供应商为削减开支而雇佣更小型供应商，且在未经许可的情况下再次压低价格，这些不当行为在应用区块链后都会减少。

区块链技术还可以帮助小农户解决自己安排农资（如化肥和农药）投入所带来的问题。区块链可以保存每家农户农资投入变化的数据，这种变化通常是由资源的稀缺性和获取的便利程度决定的。

（二）食品加工（仓储阶段）

农产品的易腐烂性较高，这要求沃尔玛在物流过程中严格执行温湿度检查机制。对于芒果，沃尔玛要对其在供应链各环节（在树上、在收获时、在包装车间、在批发市场和零售店等）的质量进行分析，确定每个阶段所能接受的果品质量标准。这种分析可以帮助沃尔玛对水果遇到的各种不利情况进行预判，包括暴晒灼伤、青瘀、物理损坏、疾病和其他失调，还有收获方法不当，以及从包装车间到批发市场运输时的各种不良状况等。

区块链可以存储有关收获成熟度、收获方法、抛光打蜡、包装和运输方式等的数据。在所有独立阶段，参与者均可采集和存储数据，将行业的效能水准从传统行业水平提升到新的高度。

（三）食品配送和汇总（分拣包装阶段）

食物源流区块链的各参与方在芒果进口商的厂房和零售配送中心对芒果质量开展检查，他们对货物进行测量和记录，厘定芒果托运人的责任，将合格证书登记归档，确定货物温度偏移值，果品运抵时完成温度测量和果品采样，并对果品内外部质量进行评估。所有这些信息都可以在区块链上存储和追溯。

供应商根据最终客户的需求和期望对芒果进行包装。譬如，如若芒果是发往零售商和贸易商的，就会被装进由木条制成的箱子里，收货后木条可被轻松地拆掉。通过与提供果箱运输服务的第三方承运商协商，区块链可以在优化管理策略和运营实践（例如，车辆选择决策）方面为承运商提供帮助。

最后，在配送过程中，与区块链相连的物联网感知设备和智能传感器，可以识别出过度暴晒造成的灼伤，和温湿度过高造成的肉质腐烂，并对此进行记录。

沃尔玛正在与运输和物流提供商展开对话。此类沟通可以改善针对原始电子提单（或仓单）的数据采集，推进发票确认和纠纷解决，提高货物源流确认和货物跟踪效率。例如，分布式账本技术可以对法律协议和平台的任何更新进行记录，从而确保其法律和安全方面的完整性。《财富》杂志刊载的题为《沃尔玛在送货无人机方面的区块链探索》（*Walmart Explores Blockchain for Delivery Drones*）的文章介绍了沃尔玛申请的一项“送货管理系统”（delivery management system）的专利，其中涉及了分布式账本、机器人和传感器等技术。[111] IBM 还与船运和集装箱物流的世界巨头马士基协作，为跨境供应链开发区块链解决方案。[112]

（四）市场营销和零售（超市阶段）

溯源能力是供应链参与者的主要竞争优势。超市有望能够将其 ERP 系统和销售网点系统连接到区块链平台，从而实现对每一件所售商品的追溯。扬纳斯告诉彭博科技（Bloomberg Technology）：“区块链的存在，让战略性剔除成为可能，从而维护消费者和公司的信心。”通过在购物体验中展示以区块链技术为基础实现的所有人均可查看的记录，各家零售商都应该能够建立坚如磐石的客户忠诚度。基于这一点，零售商还可以大幅降低召回成本，实现更高的利润，同时改善他们的法律处境。

（五）食品采购与居家消费（消费阶段）

沃尔玛的区块链试点项目向我们展示了零售商可以如何采取一致行动，在危险产品危害任何人之前将其撤下货架。彭博社（Bloomberg）的报道称：“如果消费者因食物染病，不论是散装还是独立包装的食物，沃尔玛都可以通过一张收据获取关键数据，包括供应链状况，粮食种植地点及种植情况，以及何人对其进行过检查。”[113]

供应链有了更高的可见度后，顾客还可以向零售商就质量问题提出反馈，这些反馈就可以关联到有关种植者和货源的信息。此外，顾客还可以收获成本降低、产品更新鲜以及提前了解货品何时到达等额外的好处。餐厅老板以及学校和政府食堂的经理们也将从中受益。IBM 商业价值研究所在供应链区块链应用方面的最新发现指出，通过“对食品在整个供应链中的源流和移动进行数字化跟踪，餐饮业者可以即时确保其接收并转而提供给顾客的产品是安全的”[114]。食品卫生安全检查人员还可以在区块链上记录餐馆和咖啡厅的卫生安全评级。

（六）数据采集（研发阶段和收获或完成阶段）

无论是猪肉还是芒果，沃尔玛的区块链试点都有能力记录因不明原因造成的供应链效率低下而遭受的损失。这种数字跟踪有助于增强食品安全机制，提供质量保证，畅通因食物浪费或变质造成的供应链中断，并将其作为要素纳入研发中去。从种植阶段到消费阶段的每个环节的操作，都会登记在册，区块链甚至可以记下任何因食物摄入引发的消费者健康问题。结合数据分析和现有行业技术水准，整个供应链生态系统都会受益于如此全面的数据快照，各方共享的价值也因此提高了。

关于这些试点项目的成功，扬纳斯告诉《财富》杂志：“我们受到很大的鼓舞，而且真的很快就开始接触其他供应商和零售商了。”[115] 2017 年 8 月，IBM 宣布与沃尔玛以及其他 9 家食品行业巨头合作，以进一步发展它与沃尔玛开发的区块链解决方案，将其应用于全球食品体系。这 9 家公司分别是都乐（Dole）、怡颗莓（Driscoll's）、Golden State Foods、克罗格（Kroger）、味好美（McCormick and Company）、麦克莱恩公司（McLane Company）、雀巢（Nestlé）、泰森食品（Tyson Foods）和联合利华（Unilever）。

五、有关食品溯源的心得要点

沃尔玛食品溯源区块链试点项目的成功，展示了如何用分布式账本技术提高食品的安全性和相关工作的效率。整体而言，我们对区块链潜力的探讨超出了两个试点项目的范围，我们还了解到可以通过各类数据采集方式在区块链上记录供应链上的其他类型的信息。显而易见，区块链提供的透明度、准确度和可靠度都更高。而且一旦出现问题，供应链各参与方就可以根据信息采取行动。以下是沃尔玛的区块链试点项目的重要收获，食品业界的参与方可以将它们牢记于心：

确定需要分布式账本解决的问题。 麦克德莫特说："应用区块链的目的不是解决技术问题，而是解决社会问题。"沃尔玛对可追溯性的关注源于其对食品安全的关注，它必须防范和应对各种食品安全问题，包括污染、水果和动物病害、有害药品或农药残留以及生物恐怖袭击等。[116] 因此，有了预防，准备和证明这些功能，沃尔玛的区块链试点可以服务于更大的目标。这也对沃尔玛品牌产生了积极影响。

为试点项目开发商业案例。 扬纳斯强调，沃尔玛的区块链解决方案需要“业务驱动和技术支持”。沃尔玛的区块链解决方案具有解决食品供应链中诸多业务问题（例如，提高效率、降低成本、提高长期商誉以及创造收入等）的能力。确保商业生态系统中所有参与方价值共享对于系统的采用至关重要；所有参与方都需要有强烈的价值主张才可加入。沃尔玛的试点项目提高了人们对供应链（养殖场/农场、加工厂、冷库、配送中心、零售店等）的信任。所有参与方均可访问和录入不可变更的记录。

发展并培训供应链成员。 为维护全链的可追溯性，此类项目要求领导层对利益攸关方进行协调，并提高其对各种技术解决方案的认知。“这无关竞争，只关乎合作。”扬纳斯说，“这是为了创建一个解决方案，方便各利益攸关方实现价值共享。”[117] 在产品整个生命周期中，供应链参与方可以记录产品相关信息，对产品进行交叉检验以确保其真实性，对产品的流动过程和期间产品的质量进行追踪。这些信息可以帮助所有参与方提高自身对品牌和业务的控制力，而且通过强调数据的采集和分析可以让他们获得更深度的学习能力。这样的供应链网络最终可能涵盖研发中心、农耕物资（例如土壤和饲料添加剂）提供方、交易和分拣机构、批发商、零售商和顾客等。

确定要合并的相关数据。 区块链技术可以让食品溯源达到单件商品的程度，而不仅仅是批次的程度，这样参与方就可以对供应链里的每一件商品进行追踪了。沃尔玛的区块链试点项目确定了哪些数据由供应链参与方采集。考虑开展试点项目时，都应为其业务问题编制必备属性列表（譬如，就食品安全而言，属性可以涵盖批号、装箱日期、装运数量、计量单位、采购订单号、装运标识符）和选项属性列表（譬如，纸箱序列号、托盘编号、采收日期、买方标识符、卖方/供应商标识符）。一致性是关键，试点项目的领导者应采用符合标准（如 GTIN）的数据结构，并制定对主数据的相关要求和有关数据保留的准则。通过对数据的深入把握，供应链画像会对分类账各参与方之间的互操作性有准确的描绘。

充分发挥现有流程和信息系统的作用。 根据麦克德莫特的说法，沃尔玛选择 IBM 的区块链解决方案，是因为它“不是在重新创造供应链方案，而是在现有技术基础上用 Hyperledger 来增强供应链的可追溯性”。和沃尔玛区块链试点的情形一样，“与现有公司业务实践融合的溯源系统相比，独立的系统更容易维护，也更准确”。“可视化、优化和需求”是实现设备和平台的互操作性的关键挑战。

参与治理网络。 成为协作伙伴的成员在行业标准的制定和实现互操作性的技术选择方面需要发出自己的声音。例如，沃尔玛采取了三管齐下的方法来开发其在中国食品安全和配送方面的知识网络。第一，沃尔玛与正在为儿童提供食品安全教育的中国儿童少年基金会（China Children and Teenagers Fund）展开了合作。第二，它又汇集了中美两国的学者以及中国的家禽养殖企业来共同研究家禽供应链的安全问题。与会人员来自阿肯色大学（University of Arkansas）、华南农业大学（South China Agricultural University）、中国农业大学（China Agriculture University）、浙江大学（Zhejiang University）、浙江省农业科学院（Zhejiang Academy of Agricultural Sciences）、福建神农食品有限公司（Fujian Shengnong Food Co. Ltd.）、新希望六合股份有限公司（New Hope Liuhe Co. Ltd.）和广州江峰实业有限公司（Guangzhou Jiangfeng Industry Co. Ltd.）等。第三，它汇集了顶尖学术机构，麻省理工学院（Massachusetts Institute of Technology）、浙江大学（Zhejiang University）和清华大学（Tsinghua University）的人才，以充分发挥供应链分析和其他高科技的作用。[118] 用这种方法来检测并预测出在华食品供应链内食品掺假最易发生的环节和遭受威胁最严重的地方。

通过投资进行尝试和学习。 随着供应链生态系统内联盟的搭建，成员正寻求在更广阔的空间实施区块链应用，而沃尔玛也会继续通过试点项目进行试验，提升试点规模，从中学习领会。沃尔玛的投资和积极姿态推动其实现全球范围内食品质量与安全性的提升，反过来也为自身创造了效益。较之猪肉和芒果方面的试点，区块链本身意义更广更深远。然而，对于沃尔玛而言，区块链技术是专门用于解决食物安全这类社会问题的。通过发挥现有设备和传感器的作用，沃尔玛的区块链试点项目可以识别出食品供应链中的系统性漏洞，然后以卓越技术和商业的操作，让人们重拾对食品的信心与信赖。

Chapter 6

跨境问题方面的区块链应用

美国海关和边境保护局（US Customs and Border Protection）探索区块链技术的前景

海关和边检概要

随着人员、货物和资金跨境流动越来越频繁，各国海关和边检机构必须缩短处理和等待时间并改善用户体验，同时还要在大量合法贸易中稽查非法活动和有害货物。

即便在发达国家，关税也是中央政府最大的收入来源之一。本章分析了美国海关和边境保护局如何借助区块链技术来提高流程效率。

海关和边境保护局认为，区块链的架构性优势可能使其非常适合货运和贸易领域，能为全球供应链的诸多参与者带来益处。

海关和边境保护局与工业的深厚关系，在国际领域的合作伙伴关系，以及它在国际组织中就有关关务领域的问题所发挥的领导作用，都为其在利用区块链技术提高全球贸易的安全性方面提供了推动全球治理发展的机会。

一、海关、边检和区块链

（一）违规、贸易摩擦和欺诈：亟待解决的问题

每天有超过100万的旅客和价值60亿美元的进口商品进入美国。其中有32万人乘坐飞机入境，其余人则乘汽车或徒步入境。2013年，约有12亿吨进口物资通过轮船、卡车、管道、火车、邮递和多式联运方式（为主要入境运输模式）运抵美国。美国相关机构每天需检查8万个货运集装箱。[119]

作为美国国土安全部（DHS）的一部分，美国海关和边防保护局负责监管旅客入境和货物进口，拦截非法交易和危险物品，阻断犯罪或恐怖主义资金流转，筛查被执法部门通缉的人员和未获入境旅行许可或移民身份而企图入境的人。此外，其大约有2.3万名官员和贸易领域专业人员负责执行海关法规和收取关税，每年关税总计约400亿美元。[120] 海关和边境保护局面临的挑战是如何以有限的人力和其他资源以及在对合法贸易和旅行产生最低限度妨碍的情况下，完成上述任务。

人员和货物跨境流动会带来很大的潜在欺诈风险。例如，虚开发票，致使国家蒙受损失。在特定时间或特定地点，实际拥有和合法拥有货物的界定方面也容易引发纠纷。关税支付问题通常可能导致欺诈和集体腐败。美国政府在2016财年收到了5 000多万美元的关务欺诈诉讼赔偿。[121] 同年，海关和边境保护局对逃避和过失规避反倾销和反补贴税的行为所处的罚款超过3 000万美元。[122] 尽管取得了这些成绩，但这个金额可能仅占整个海关欺诈的一小部分；在2012年的一起案件中，有8个人和3家公司以欺诈方式进口了价值超过1亿美元的商品，估计在该案被调查之前偷逃的关税和税款约有1 000万美元。[123]

未经许可偷越国境的现象也很普遍。恐怖分子和罪犯可以利用法律漏洞、地理条件和系统（尤指全球旅行网络）互联互通方面的漏洞，绕过边检当局和其他执法部门。在2001年“9·11”事件的刺激下，诸多海关和边境机构纷纷开始寻求技术支持。

海关和边境保护局是美国联邦政府中最具创新力的机构之一，而其历史甚至可以追溯至1789年美国国会的早期法案。其在身份证技术、旅行者信息、关务和进口流程等的相关技术采用方面一直处于最前沿。20世纪60年代初，海关和边境保护局便开始实施货运流程的自动化，大多数贸易手续在20世纪80年代后期已实现了电子化。美国海关和边境保护局、美国国务院（US State Department）和政府印刷局（the Government Printing Office），是世界上最早开始开发生物识别、机读护照和扫描系统的政府机构。海关和边境保护局于2015年启动了“移动护照”（mobile passport）面部识别试点，并于一年后开始在美国其他地区推广。[124] 2001 年以来，海关和边境保护局便一直在维护旅客预先通报信息系统（APIS），它是一个旅客信息预先通报/旅客姓名登记（API/PNR）系统。该系统用途不少，其中一项是用于筛查上了禁飞名单的人。

尽管如此，挑战依旧存在。提高海关和边检程序效率与成效的关键是可靠的预先信息通报。在人员检查方面，诸如使用 API/PNR 数据与带生物识别和机读功能的护照等技术，帮助海关边检机构在录入全球旅行系统时对旅客的筛查实现标准化。然而，由于各地在供应链和贸易融资操作方面差异很大，而且这些环节在世界各地的流程数字化并不普及，因而海关和边境保护局不是总能获取相关信息；即使能够获取信息，信息也未必是可靠的。尽管“9·11”事件促使有关部门努力维护全球旅行系统，但这些努力并不是万无一失的。应用尖端技术进一步支持货物、贸易商和货物的识别、核验和风险评估的机会是存在的。

（二）目前尝试的解决方案：梳理流程和推出国界

“9·11”事件之后，美国政府机构在增加信息采集量的同时，也加强了政府间数据的关联，用以识别已知或疑似的违法个人、商品和资金。美国政府已经利用这些数据创建监视名单、禁飞名单和其他工具，以供前线官员在人员货物和资金的筛查甚至日常海关互动中使用。此功能将入境流分为两类——“已知不良/怀疑不良”

和“未知”，绝大多数都归入后者，分析人员和管理人员只能以个人直觉来判断。尽管海关边检官员选择有针对性地检查“未知”流入量中的一小部分，但这样的筛查无异于大海捞针。

为了减少这种未知状态，减轻前线人员的负担，在提高安全性的同时加快跨境旅行和跨境贸易的速度，海关和边境保护局引入了一系列“可信赖旅行者（trusted traveler）”和“可信赖托运人（trusted shipper）”计划。

美国可信赖旅行者和托运人计划

海关商贸反恐怖联盟（C－TPAT）计划：适用于将商品大量进口到美国的进口商（公司必须满足全面的安全和资格要求）。

商用车的“自由安全贸易”计划（FAST）：适用于通过卡车运送商品的进货商（美国、加拿大和墨西哥的公民和居民适用）。

全球通关计划（Global Entry）：适用于所有通过机场入境的国际旅客（美国、印度、哥伦比亚、英国、德国、巴拿马、新加坡、韩国、瑞士和墨西哥的公民适用）。

NEXUS 计划：允许穿越美加之间所有出入境口岸（美国、加拿大和墨西哥公民和居民适用）。

旅客快速检查安全电子网络计划（SENTRI，Secure Electronic Network for Travelers Rapid Inspection）：驾车经南部陆地边界入境（所有符合条件的公民均适用）。

“可信赖旅行者”和“可信赖托运人”计划的目的是引入第三类过境人员、货物和资金：“已知/可信”。通过对可信赖旅行者和可信赖托运人设置认可条件，海关会要求事先提交信息，采集生物特征信息（适用于旅行者），以及进行现场检查或由第三方检查背书（适用于商品）等等。海关和边境保护局采纳可信赖旅行者和可信赖托运人计划后会在人员和货物流入边境之前对其进行排查。“已知/可信”类人员和货物可以在通关时使用“快速通道”，既加快了过境速度，又减轻了前线人员的负担。

通过创建“已知/可信”“已知/不良”和“未知”三个类别，海关边检机构加快了人员、货物和资金通关速度，使跨境流动的安全性也有了更高的保障。这些机构可以将其有限的前线资源集中在发现和拦截“已知/不良”类别上，以及更有效地对“未知”类别进行梳理，并将干预措施集中在风险较高的个体上。

对于跨境人员，海关和边境保护局更进了一步，通过在国外的最后出发点实施预检查，寻求在登机前加强对旅客排查的同时减少等待时间，从而尽可能多地减轻实际越境时的排查和确认负担。实际上，海关和边境保护局减少了边界的瓶颈问题，通过将控制边界往外推移拉开了威胁与美国边界之间的距离。该计划已在加拿大的六个机场、几个加勒比岛国、爱尔兰的香农和阿拉伯联合酋长国的阿布扎比运作，并正往其他国家扩展。

对于跨境货物，美国已开始在国外的最后出发点进行排查。这种排查最初是为了检测核材料和放射性材料。这方面的第一次尝试是始于 2002 年的《集装箱安全倡议》(*Container Security Initiative*),截至 2015 年,这项倡议已在全球 50 个口岸实施。[125] 该倡议现在已对 80%的集装箱进港海运货物实施预筛查,并采用风险分析算法和射线照相扫描(例如 X 射线)来拦截可能具有安全风险的货物。[126] 2007 年,海关和边境保护局通过“安全货运计划”(Secure Freight Initiative)将美国政府人员和设备部署到外国的港口,扩大了对核材料和放射材料进行预筛查的力度。2008 年,海关和边境保护局首次提出了“进口商安全备案”(Importer Security Filing)规则,即通常说的“10+2”,要求托运人在到达美国港口 24 小时之前提交有关高风险货物的信息。[127]

美国海关和边境保护局还与政府内其他合作机构合作,以别的方式落实了关务与进口流程的现代化。通过“营商环境自动化”(ACE)和“国际贸易数据系统单一窗口”(即“单一窗口”)的实施,政府已最大限度地减少了纸质备案,从而减轻了美国进口商的负担。欧盟、加拿大和墨西哥等国家也有类似旨在自动化及简化关务和进口流程的单一窗口项目。

所有这些努力都是为了增加政府可用于维护旅行者和居民安全的数据,和增强政府对这些数据的信任度。看到数字化和数字融合的好处后,世界海关组织(WCO)宣布 2016 年为“数字海关年”,但自动化和数字化进展仍然参差不齐。

海关和边境保护局必须不断寻求方法,以更少的投入完成更多的任务。2017 年 1 月,美国政府问责局(GAO)发现,国土安全部海关和边境保护局官员的人员配备水平比授权人数低约10%（838名人员），而该机构自己的模型估计需要将其人员额外增加两千人才能满足服务需要。[128] 人员短缺也影响到贸易检查。政府问责局约谈的海关和边境保护局的官员汇报称，他们从贸易检查任务中被抽调出来去排查航空旅客，因而只好减少次级检查车道，以确保主要检查车道数量满足最低要求。这一切都凸显了海关和边境保护局继续增加其分析和检查能力的必要性。

（三）将区块链添加到海关和边境保护局的工具箱

区块链技术包含三个突出要素：

- 由"节点"构成的对等网络，无需中介即可进行交易
- 记录这些交易的数据存储区或只供添加的数据库
- 用于验证交易和防止欺诈或错误交易的共识机制

区块链（由先前验证的交易区块链组成）是连续的可验证对等交易的永久可审核记录，极难伪造、破坏或更改。区块链技术还提供了一个可应用于业务逻辑的平台，有诸如身份核验和智能合约流程自动化等功能。

唐·塔普斯科特和亚历克斯·塔普斯科特（Alex Tapscott）在

其《区块链革命》（*Blockchain Revolution*）一书中将区块链简单地描述为“信任协议”（the trust protocol）。威廉·穆加亚尔（William Mougayar）在他的《商业区块链》（*The Business Blockchain*）一书中总结了区块链的各种前景：从技术角度来看，它是一个后端数据库，但“开放地维护分布式账本”；从业务角度来看，它是一个价值对等交换网络；从法律角度来看，它是一个“不需要中间人协助的交易确认机制”。

尽管传统的共享数据库在各种情况下都能很好地工作，但区块链能带来某些独特之处。与传统的共享数据库（这是由区块链的设计决定的）不同，单一实体无法控制对区块链账本的查看或添加。同样，也不存在会遭受黑客入侵或破坏的单一数据存储。但区块链可以形成一个中立的平台，供应链中的多个当事方（尽管可能彼此之间不信任）可以在此平台上进行交互。因为账本的副本存在于区块链的所有“节点”中，所以该系统可以抵御由于损坏、破坏性攻击或灾难而造成的破坏和数据丢失。[129]

鉴于区块链在多方潜在信任度低，而对数据和交易记录完整性要求高的环境下，有明朗的应用前景，美国海关和边境保护局正在探索其应用。“我们目前专注三个领域：货物流、旅客流和网络安全。”时任海关和边境保护局代理局长凯文·麦卡利南（Kevin K. McAleenan）说，“这些涉及海关和边境保护局内部的一系列系统。”[130]

目前，美国海关和边境保护局正在与国土安全部科技部（DHS

S & T，DHS’s Science and Technology Directorate）合作，研究区块链技术在应对数字身份、旅客互动、货物安全和海关税收等挑战方面的应用。国土安全部科技部高级研究项目局网络安全处身份管理、数据隐私研发和转移项目的项目经理阿尼尔·约翰（Anil John）解释说：

在整个国土安全方面长期存在四个与区块链技术有关的领域：

- 物联网和传感器数据记录的不可变更性
- 客流便利化及其安全性
- 贸易文档便利化及其安全性
- 替代纸质文档的防伪造和欺诈的流程方法

有意思的是，海关和边境保护局在这四个领域都有触及和需求。麦卡利南进一步解释了海关和边境保护局为什么投资于区块链：

区块链作为技术架构的吸引力在于其不可变更性、非受信方达成共识的能力以及可审计性。鉴于海关和边境保护局的使命是促进贸易和旅客的合法流动，我们发现在几个任务领域，这些功能可能会带来有革命性意义的发展。

例如，在货运和旅客流管理方面，区块链应用有望提高我们接收到的数据的质量，并让这些数据更易于与跟我们有合作的其他国家的边境执法机关共享。这将有助于优化决策，理想状况下还可以加快货物流动。

国土安全部科技部还资助了另一跨境场景的相关试验：证明源自部署在边境线上成千上万台物联网设备（例如安监摄像头）的数据是完整且可靠的。通过授予公证通（Factom）两笔款项，国土安全部资助了一项概念验证项目，通过对数字资产和过往记录进行分布式记录来防范源自物联网设备的欺诈。[131]

国土安全部海关和边境保护局的试点项目

◇ BlockCypher 正在开发一个可供多链互操作的区块链平台。

◇ Digital Bazzar 在开发一个支持可验证索求的项目。

◇ Evernym 在开发一种以用户为中心的身份管理技术。

◇ 公证通正在开发一个旨在保障边防技术和数据安全的项目，具体而言，是物联网数字资产实施分布式记录改造以防范源自物联网设备的欺诈行为。

正如麦卡利南解释的，这些早期阶段的努力正在帮助人们树立对区块链技术的信心：

> 通过与国土安全部科技部合作，我们目前聘请初创公司公证通积极开展网络安全试点，以了解其技术可以如何

帮我们保护边防相关技术与数据。我们希望明年开始在货流和客流领域推出类似的试点项目。迄今为止，我们与公证通的合作方向在支持边防技术发展，保障网络安全方面显示出了广阔的前景。

公证通试点项目将区块链技术应用于物联网设备和传感器数据平台记录不可变更的日志，以确保其复原能力和完整可靠性，同时支持独立验证。为了了解在此情况下使用区块链技术可能带来的影响，海关和边境保护局、科技部与公证通合作开展了概念验证项目，验证对源自边境摄像头的图像做不可变更的记录。

通过项目试验，国土安全部加深了对区块链的理解，对如何让区块链技术与现有技术和流程实现最佳集成也有了自己的把握。具体而言，它对技术架构和系统设计策略作出了选择，将这样敏感数据保留在国土安全部的基础架构内，允许对敏感数据的公开验证，而无需将其存储在区块链上。正如国土安全部科技部的约翰所指出的那样："公证通的重大意义，不仅在于技术的可行性，还在于如何最好地设计系统以确保其可与我们现有的技术和流程集成。"

国土安全部科技部还资助了用区块链解决一般性网络安全问题的项目。2017 年 5 月，科技部宣布给小企业提供了总计约 225 万美元的赠款，让 Evernym 开发以用户为中心的在线身份管理技术，让 Block Cypher 开发一个"用于多链互操作的区块链平台"，让 Digital Bazaar 开发"可验证索求"（verifiable claims）项目。[132] 海关和边境保护局关注的问题是如何让数据既可用又可靠。正如麦卡利南解释的那样：

> 我们任务中的一个关键问题就是如何获得良好的数据以便作出正确的决策。譬如，我们希望贸易伙伴正确完整地填写单据（例如提单），以便海关和边境保护局进行准确的风险评估。如果区块链可以助力开发一种通用账本功能，让利益攸关方得以提供更好的数据并根据这些数据作出更好的决策，就可以减少供应链中的“摩擦”，从而创造更多的价值。如果可以将这个账本扩展给其他合作海关机构使用，它就可以发挥更强大的功能。

二、海关及边检机构可以如何使用区块链

区块链为海关和边境当局在加强跨境人员和货物流动管理方面提供了诸多便利。海关和边境保护局已着手部署这两方面的概念验证项目。

（一）区块链、边境和人

使用区块链对个人跨境进行跟踪，概念上类似于在启用了区块链的网络中对实体货物的流动进行跟踪。使用者可以在区块链哈希中描述旅行者的具体特征，并将其状态或位置变化的相关信息发送至网络所有节点，从而形成不可变链。譬如，它可以用于为丢失或没有政府颁发的传统身份证件的人（例如，季候性工人和偷渡入境的工人）提供数字身份。雇主和执法部门在遇到这些人时便可以用它来验证身份。

对海关和边检官员而言，区块链解决方案的优势很多。首先，如上所述，使用区块链可以给在传统情况下政府没有身份证件可供颁发的个人提供数字身份。其次，较之使用纸质方案或依靠与国际或官方数据库及其他系统进行数据交互，使用区块链系统可以让边检官员更有效、更可靠地检查个人跨境流动情况和状态变化。实际上，基于区块链的系统可以让有关部门更从容地应对出入境跟踪方面的挑战，加之通过多边协议，多个国家均可访问此类记录，因为从一个国家入境与从一个国家出境密不可分。最后，传统的更为集中的数据系统中潜在欺诈或信息丢失的风险更大，因为旅客记录是建立在与系统进行的单向交互之上的，这类交换是可以更改的，甚至可能操作失败。区块链作为分布式系统可以降低这类风险。

（二）区块链、边境和货物

关于区块链在贸易领域的应用，有两个用例深受海关边检官员关注：① 加强税费征收自动化；② 确保受信赖的出入境流可靠，并让原有信息维持更高的真实度。

当前的关税和费用支付手续是大量依赖自我申报的。托运人通常在船舶到达目的国之前就申报并按预计值支付费用和关税。但是，收付证明仍然要以所谓的提单这样古老的单据往来流程来落实。尽管没有直接与海关和边境保护局合作，许多区块链初创企业（如 Hijro 和 SKUChain）正在研发智能合约技术，以实现运输及其他环节中某些手续的自动化。

智能合约可以对某些手续进行如果-那么（if-then）语句编码使之实现自动化。例如，如果货物已运抵某个地点，且实物保管权发生了转移，那么收货方向供货方支付货款。智能合约也可以根据适用的法律或法规要求进行编码。例如，如果货物到达港口卸货，那么货物所有者就要支付关税。

有一种用于监控和衡量外部事件的授权认证数字机制，可替代自我申报机制，并提供了这些条件的客观决定因素。例如，可以对授权认证机制进行编程，以监视船舶的自动信息服务（AIS）发送器，在船舶越境或进入港口时触发支付相应关税税额的流程。因为这些智能合约的代码写在区块链上，而且是由客观事件而非单个流程所有者或某个人来触发的，所以基于区块链的智能合约可以加速关税征收并减少欺诈，同时保留不可变更的可供审查的记录（涵盖所有权、监管链和应缴税款等信息）。

海关和边境机构还可以使用区块链来确保流程的完整性，将大部分入境货物流分配到需要较少检查的受信任通道。该概念类似于现有的可信货物流程，在这类流程中，托运人或进口商通过运输低风险货物且向海关当局提供额外信息来获取信任。通过区块链交流必要的信息，可以提高效率、可见性并降低风险。

例如，海关官员可以将某些类型的散货指定为低风险货物。在这些散货入关时，海关官员可以检查基于区块链的数字证明和运输记录，以确保一切都合规。对于某些类型的高风险商品，例如高价值商品或电子产品，海关和边境保护局可以使用前面提到的扫描技术来核验记录在区块链上的商品描述。

凭借智能合约和可信货物流带来的适应性，区块链有望成为国际贸易单据和资产交易数字化的权威平台。银行、船运公司、主要零售商和国际贸易体系中的其他参与方以及诸多初创企业已经投入时间和资金来开发和试验以区块链为基础的国际贸易项目。

譬如，美国银行（Bank of America）正在与微软（Microsoft）合作，基于区块链创建一个框架，目的是让贸易金融交易更快、更安全、更透明。R3CEV 联盟则完成了两个原型的设计，显示智能合约可以用于处理应收账款购买交易和信用证交易。[133] 针对国际贸易不同环节开发的试点项目也层出不穷。

海关和边境保护局国际贸易处执行副专员布伦达·B. 史密斯（Brenda B. Smith）这样描述区块链的吸引力："海关和边境保护局对供应链的透明度（谁参与了流程，以及何时发生了动作）感兴趣。此外，我们对区块链的对从食品到知识产权之类的敏感产品的跟踪和溯源功能感兴趣。"

为什么选择区块链？同样是因为数据的可获得性和可靠性。史密斯解释说："我们认识到，在正确的时间从正确的数据提供方获取信息，对于数据的完整性和降低数据采集成本而言是至关重要的。"史密斯认为，"最重要的是采集对风险决策有帮助的信息"，良好的风险决策将"提高贸易便利化程度"，且"让我们能够专注于贸易实务的有效实施"。在海关和边境保护局内部，培训很重要。史密斯说：

> 我们主要是在内部进行培训，加深自身对技术的了解，再引导我们在私营领域和国际方面的合作伙伴一道对已在私营领域开展的试点项目进行评估。我们还在定义区块链用例，以便与私营部门一起针对相关场景做进一步测试。

麦卡利南回应了这一观点：

> 我的目标是确保海关和边境保护局员工接受良好的培

训，以便让我们的业务流程因应用颠覆性技术（例如区块链）发生改变。我们正在通过积极与沃尔玛（Walmart）和马士基（Maersk）等产业界伙伴合作来实现这一目标。了解他们的区块链试点项目，与国土安全部科技部的同事合作开发我们自己的试点项目。

（三）国际标准和惯例

海关和边境保护局应对挑战的另一方式是与国际伙伴合作。正如史密斯所说，“海关和边境保护局可以在国际上起到推进区块链或其他新技术发展的作用。”[134] 美国海关和边境保护局在世界海关组织内部就全球范围内探索区块链在国际旅行和贸易领域的潜在应用方面发挥着领导作用。

在国际范围内采用区块链和分布式账本技术，以开放式架构以及去中心化和基于共识的方法去验证交易，保留不可变更的交易记录，有望解决这一全球性问题。区块链可以通过增加透明度和提高效率的方式实现数字化。

基于区块链和分布式账本技术的数字化，可以为海关和边境当局提供很大的便利，它可以实现信息共享流程的自动化，确定货物源流，减少欺诈和错误，提高准确率，验证身份和落实关税自动支付。以上每一项的进展都可以提高处理效率和速度，提高准确性和有效性。海关和边境机构可以实时审核供应链，追溯可疑货物的源流，找到有问题的货物和当事方。

同样，借助基于区块链的数字化国际贸易信息，海关和边防机构可以提高发票和提单审查的速度，将检查更有效地针对最应关切的项目，将基于区块链的贸易模式纳入诸如 C－TPAT 这样的“认证经营者”（Authorized Economic Operator）计划或加拿大的伙伴保护计划（PIP，Canada’s Partners in Protection），以及 FAST 等快速通道计划，旨在鼓励采用基于区块链的数字化、自动化的系统。但是，要发挥这些长处，区块链和分布式分类账技术必须继续走向成熟，而且在治理、标准和互操作性方面的问题必须得到解决。

海关和边境保护局如何定义区块链和海关的成功呢？“对我们而言，贸易便利化领域的成功就是，贸易伙伴用户体验的改善和对非法商品执法措施的加强。”麦卡利南解释道，“任何可以帮助我们实现这些目标的技术都是我们所追求的。”

（四）全球治理：国家的挑战，国际社会的机遇

在更广范围内应用区块链技术，让所有试图用区块链促进国际贸易的实体面临挑战。这些挑战包括技术不够成熟，缺乏全球性的标准和治理，以及缺乏跨区块链平台的互操作性。

尽管技术平台之间存在这些差异，但所有方法都面临同一个问题：在某个时刻，它们必须跨境。这是一个挑战，但对于海关和边境当局而言，这也是塑造基于区块链的全球贸易平台方向的巨大

机遇。

麦卡利南解释说："将区块链融入国际海关领域的关键推动因素是良好的治理结构。这项技术很重要，海关当局和研究区块链的相关团体都需要考虑，以促进区块链的采用。"麦卡利南还指出了互操作性方面的挑战：

> 我们特别关注的一个问题是确保技术社区关注互操作性。在这个领域中有许多不同的账本协议，诸多联盟和厂商。这些不同的解决方案能够彼此沟通是至关重要的。如果业界采用诸多很难相互融合的孤立方法，我会为整个技术被接纳的速度感到担忧。

譬如，微软的 BaaS（区块链即服务，blockchain-as-a-service）是基于微软 Azure 云里的企业以太坊服务推出的，R3CEV 的试点项目主要使用其自己的 Corda 平台，而 IBM 的供应链试点项目（例如猪肉）则使用 Hyperledger Fabric。[135] 尽管这些试点都代表着在区块链或分布式账本技术方面一项有前景的应用，但是目前尚无有效方法来解决跨区块链平台的数据和信息移动以及相关流程的自动化。此外，对于哪种模式更适合国际贸易，是开放共识区块链（例如比特币区块链或以太坊）还是许可链（或私链），或是开放共识链与许可链（私链）的组合，目前尚无共识。技术和治理方面的多重问题相结合，会对互操作性构成持续的挑战。

虽然区块链技术可以提高海关和贸易的效率和效力，政府必须有能力与启用区块链的贸易融资平台和供应链进行交互，才能充分实现这些优势。政府必须有能力与一系列区块链和基于分布式账本的国际贸易平台进行交互，并且能够消化吸收相关记录和文档。政府还可以利用智能合约以及其他区块链和分布式账本技术来促进当前流程自动化的落实，完善审核和检查、关税征收和其他相关流程。

另一个概念验证项目是对个人身份信息（PII）和专有数据的保护。海关和边境保护局正投入大量时间和资源来研究架构和设计选项，以确保在任意实施环节 PII 或其他敏感数据都不会被直接放在区块链上。

国土安全部科技部还指出了其他一些技术方面的挑战。正如约翰解释的那样：

> 在过去的两三年中，我们一直在区块链安全和隐私方面进行研发投入。我们发现，尽管存在很多有意义的可能性，但仍需要弥合一些根本的鸿沟才能使区块链能够大规模应用，特别是有两个关键问题需要解决。
>
> 🔗 规模化的分布式密钥管理，例如公私钥的发放、管理、撤销及其他，也就是区块链钱包实质上管理的内容的相关问题尚未解决。
>
> 🔗 鉴于现在还不存在一种万能的账本数据格式，写入

分类账的“数据有效负载”(data payload)标准的创建对于跨区块链实现互操作性至关重要。我们都在积极开展工作，以弥补这些关键能力方面的欠缺。

约翰描述了国土安全部科技部对区块链的看法：“现在判断区块链技术是否在某种程度上优于当前技术还为时过早，但我们认为现在创建检测指标并为此开启概念验证和试点项目正逢其时。”[136]

尽管认识到区块链的应用面临诸多挑战，海关和边境保护局的史密斯仍持乐观态度：“我们已经在物联网安全等领域的研发项目和试点评估工作中看到了令人兴奋的结果，但也认识到成功部署区块链需要投资和成功地对其复杂性进行管理。”[137]

三、有关海关和边防方面的心得要点

美国海关和边境保护局凭借其作为全球最大经济体的海关和边境管理机构在全球贸易体系中的作用，以及其在世界海关组织中的重要地位，有机会倡导基于区块链的国际贸易流程，并在整体上推动技术的发展和成熟。为了扮演好这一角色，海关和边境保护局可以参照自己过去的成功实践，与私营部门合作伙伴合作，并通过在区域性和全球性国际组织中发挥领导作用来促进区块链的整体治理。

避免对事件作过度反应。 2010年10月，也门的恐怖分子试图通过航空快递公司，例如，FedEx、UPS、DHL等，将装有炸弹的包裹运入美国。尽管全球情报和执法部门的工作阻截了这些袭击，但这凸显了美国货物安全制度的缺陷。海关和边境保护局与国土安全部的另一家机构美国联邦运输安全管理局（Transportation Security Administration）共同采取了措施，以弥补这一漏洞。[138]

在采取行动之前检查系统是否就位。 按法律和法规要求，入境航空承运人在飞机抵达美国之前，必须通过海关和边境保护局批准的电子数据交换向其提供货物的电子信息。海关和边境保护局并未建立一套新的监管框架或一套新的电子数据交换系统，而是与利益攸关方合作，建立起一种机制，用以收集必要的信息，以便在供应链中尽早锁定高风险货物。

搭建原型并测试可能的解决方案。 四家快递公司“自愿向海关和边境保护局提供其法规要求的数据元素的子集，以便海关和边境保护局在货物被装上飞机之前进行必要的查验”。[139] 在该试点项目成功的基础上，海关和边境保护局随后将试点项目正式化并扩展覆盖到其他快递公司以及客运航空公司、全货运航空公司和货运代理公司。

确定共同利益。 海关和边境保护局与业界以及后来与其他政府机构的合作聚焦于确定各方共同利益，以找到最有效的运营和监管手段，从而把新实践融入现有安排中去。通过这样的协作、治理以及对运营、技术和法规变更的精细把握，海关和边境保护局与全球其他海关及边防机构可以促进区块链的规模化应用。

抵制专有系统。 海关和边境保护局面临的一大挑战（正如在全球舞台上处于重要位置的任何机构一样）是要控制为国际贸易开发一套自己的区块链或分布式账本的冲动。如果海关和边境保护局当时试图快速创建一个全新的项目，空运货物预先安检计划（ACAS）是不会成功的。它需要在现有的运营和监管框架内工作，以寻找能够提高政府和行业安全性和效率的解决方案。区块链被视为实现共同目标的更优路径，而不是一个科学技术项目。

采取积极主动的措施。 海关和边境保护局可以利用私营部门正在进行的创新技术，而不必等到这项新技术完全成熟或外包开发专有的区块链系统。例如，Everledger 专注于为在全球供应链上流动的钻石建立基于区块链的注册表。Provenance 专注于追溯和核查食品从农场到餐桌源流。每一个试点都可以在去中心化的对等平台上实现国际贸易流程的数字化，从而提高数据可见性和完整性，同时减少欺诈、虚假以及发票和其他票据错误。通过与业已建立合作关系的公司（例如 Digital Bazaar、Evernym 和公证通）以及与活跃于企业区块链、供应链和贸易融资领域的一系列公司合作，海关和边境保护局可以帮助推动技术创新而自身不用成为技术开发者。

在既有安排中寻找具有潜力的应用。 海关和边境保护局的史密斯认为，区块链“是对海关和边境保护局的自动化营商环境（ACE）的补充，ACE收集了大量有关跨境货物的交易数据”[140]。她认为，区块链系统可以代替ACE，它可以支持政府在更细微的层面采集数据，甚至有可能回到供应链层面去采集。但是，海关和边境保护局从ACE中学到了一点，即不低估投资新技术和管理技术部署的变化带来的挑战。同样，海关和边境保护局可以通过进一步支持区块链和将区块链集成到当前项目中来扩展其单窗口流程的使命，从而实现巨大收益。这样做的技术负担低，而且政府和产业界也能在共同利益方面达成共识。

选择适合衡量和比较的试点项目。 这意味着要确定重要的指标。国土安全部科技部的约翰表示，他的团队正在推出概念验证项目，并“将采用针对该环境的一套替代分析组合，以灰度测试来判断”该技术与国土安全部当前流程相比，其提供的结果是否明显更好。试点项目还可以让国土安全部了解约翰所说的将新方法融入现有技术和业务流程所涉及的“痛苦收益比”（gain-to-pain ratio）。试点项目可以专注于实际问题，并且可以与既有安排一起进行比较测试。

发挥既有角色和关系的作用。 海关和边境保护局与产业界、外国合作伙伴和国际组织合作伙伴的关系是至关重要的。海关和边境保护局的史密斯说："我们与外国政府和世界海关组织等国际组织有着良好的关系，如果特定技术被证明在推动解决货物安全、贸易便利化或贸易执法方面有价值，我们可以利用自身的关系来分享最佳实践并开展合作。"货物运输本质上是全球性的，海关和边境保护局可以在其行业、政府和国际组织合作伙伴的协作和支持下，最好地确定并开展新的项目。

关注更广泛的治理问题。 区块链技术要在全球范围内最终得到认可和采纳，其业务开展需要采纳全球性的标准。海关和边境保护局可以发挥政府的力量助力推进全球标准的制定与治理、交付系统的互操作性、倡导计划、全球性政策、教育和培训项目以及监督工作等。例如，海关和边境保护局拥有商业海关业务咨询委员会（Commercial Customs Operations Advisory Committee）这样的机制来发掘潜在方法，还可以利用其在世界海关组织中的领导作用推动全球试验，创建和驱动基于区块链的贸易融资平台和供应链平台以及与各国海关与边境机构互动的标准和机制。

通过参与标准治理，海关和边境保护局可以在总体上推动区块链治理全球性方法的实施，因为与解决实际问题相结合的方式，通常可以更好地推进标准的制定。这种在国际旅行和贸易方面采用区块链的治理方式。例如，数字身份、安全账本以及对全球供应链系统及贸易融资的法规监管，可能是海关和边境保护局对在国际贸易体系中采用区块链技术以及对全球供应链的安全和保障所能作出的最大贡献。

Chapter 7

制造业 4.0 的新兴平台

区块链用例和应用的主要挑战

制造业 4.0 概要

随着制造业 4.0 的到来，各种组织的关注点已转移到如何整合整个制造业生态系统中形形色色的参与者，从而在分布式制造活动网络内实现准确而迅速的响应。要使这一愿景成为现实，目前缺少的是一个共用且可信的平台，它可以改善整个价值链中不同规模公司之间的关系，从而在生态系统级别上构建出可以协调系统的应用。

消除信息孤岛（informational silos），区块链促进了跨组织边界的透明、安全和受控的数据交换。它可以用于搭建可信赖的全行业协作式价值创造活动平台，以协调和管理本地或跨地域的制造活动。

为了说明区块链对制造业的潜在影响，本章将讨论四个业已成为制造业关注焦点的用例：

- 连接分布式制造资源（distributed manufacturing resources）：区块链平台通过智能合约促进买家与制造商之间的互动，简化生产流程和通证，以此激励各参与方。
- 为端到端增材制造（AM，additive manufacturing）流程提供保障：区块链与智能合约充当集成数字线程的保障层和中间件，以此为增材制造的所有交易奠定基础。

🔗 为资产生命周期管理（asset life-cycle management）赋能：区块链使在产品中实现共享且不可变的存储成为可能，并为各参与方提供了资产生命周期的可操作数据线索。

🔗 提高供应链的可见性：区块链通过将各参与方及其交易纳入单一的共享账本，从而提供近乎实时的深层供应链可见性。

这些用例只是对制造业生态系统既有业务模式即将经历的变革所作的概要性介绍，对可操作数据和控制的实时访问开启了去中心化和软件定义制造的新时代。

尽管潜力巨大，但区块链技术在制造业中的应用仍处于起步阶段。这项研究探讨了与选择合适的区块链协议、维护物理数字接口、保证网络和用户接口的安全以及评估智能合约应用范畴等相关的应用中面临的主要挑战，为公司提供有关从何处着手区块链创新的前瞻性建议。

一、制造业 4.0 简介

制造业是当今世界主要经济体的重要支柱。制造业将原材料转化为最终产品，它贡献的国内生产总值约占全球的 30%。[141] 因此，它对许多中小企业的生存和保证就业率来说都非常重要。然而，随着经济全球化进程不断深入，竞争加剧，利润率下降，制造业因为规模经济竞争而面临巨大压力，被迫专注于提高效率和寻找新的收入机会。

先进的机器人技术（advanced robotics）、增材制造、增强现实（augmented reality）和人工智能等领域的技术进步，为制造业 4.0 宏伟愿景的实现提供了可能。制造业 4.0 有望更有效地利用资源，并可实现较经济的大规模定制生产（最小批量可以达到一件）。制造业 4.0 的目标是通过价值网络进行横向整合、整个价值链上的端到端工程数字化整合、制造系统的垂直整合和联网以及以客户为导向的商业模式创新。

尽管孤立的应用方案已证明了未来实现小规模制造的可能，但到目前为止，还没有一个占主导地位的平台能够广泛地促进分布式制造活动的整合以及促进全球价值链上的交互。

可以说，区块链技术是目前一个缺失的环节。作为一个共享的、潜在开放的平台，区块链可以提高全球范围内信息交换的透明度和安全性。通过消除信息孤岛，区块链可以作为本地和跨地域制造活动的互联和组织平台。

二、制造业 4.0 的宏伟愿景

（一）前三版

18 世纪中叶，欧洲和北美工业经济的兴起标志着一个社会经济迅速变革时代的开始，收入水平和经济规模以史无前例的速度增长。截至今日，制造业已经历了三轮重大的工业革命，而第四轮革命也已开始。

工业化的最初过程是由蒸汽机技术的发明以及随后产生的机械化制造设备（如 1784 年诞生的首台机械化纺织机）的引入而开启的。体力工作的自动化彻底改变了商品制造的方式。

在 20 世纪初期，生产的电气化以及亨利·福特（Henry Ford）

发明的传送带（conveyor belt）和弗雷德里克 · W. 泰勒（Frederick W. Taylor）对效率导向分工方法的改进推动了生产方式向大规模生产的转变，从而催生了第二次工业革命。20 世纪 70 年代初，电子和信息技术的发展催生了第三次工业革命，从而实现了先进的生产自动化和生产批次的个性化。

（二）第四版

第四次即当前所发生的工业革命与物联网和网络物理系统（CPS，cyber-physical systems）引发的重大变化有关。物联网是由传感器、执行器和嵌入实体对象（如制造设备）的设备组成的，为对象创建的网络和控制基础设施。CPS 将物联网赋能设备组合到基于计算机算法控制的物理和虚拟组件的复杂系统中。CPS 将逐步使制造商实现物理生产过程的自动化控制，开启软件定义制造的新时代。

通过德国工业 4.0 平台的目标来总结制造业 4.0 的愿景：[142]

> 🔗 智能产品（smart products）：产品具有唯一可识别性，并且可以随时定位。即使在生产期间，智能产品也知道其自身制造流程的细节，并且可以半自主地控制其生产的各个阶段。此外，还有可能确保制成品了解其发挥作用的最佳参数，并能够在整个生命周期中识别出磨损破裂的

迹象。智能工厂可以对这些信息进行汇总，以便其在物流、部署、维护以及业务管理应用集成方面得到优化与提高。

- 智能工厂（smart factories）：空间上分散且配备了传感器的，能基于知识自主制造资源（机器、机器人、输送带和仓库系统以及厂房设施）的网络，能够根据不同情况进行自我控制和自我配置。

- 数字端到端工程（digital end-to-end engineering）：CPS 提供了数字建模功能，包括服务制造环节的方方面面及其各自相互依赖关系，从客户需求到产品架构再到最终产品的制造。

- 大规模定制（mass customization）：可以将单个客户的需求和某些特定的产品功能纳入设计、配置、订购、计划、生产、运营和回收阶段的操作。甚至有可能在制造即将开始前，在制造过程中，还可能在产品运行时，纳入最新的变更要求。这使企业能够以较经济的方式制造一次性物品和少量商品，甚至对于那些在当前授权环境和商业模式下无法负担生产费用的中小企业也是如此。

为实现制造业 4.0 的愿景，全球的工业强国都推出了一些项目，例如德国的工业 4.0（Industrie 4.0 in Germany）、美国的工业互联网（Industrial Internet in the United States）和日本的工业价值链倡议（Industrial Value Chain Initiative in Japan）。这些项目都追求通过两种不同但互补的方法来实现制造业 4.0 的愿景：工厂级别的制造系统的垂直整合和整个制造价值链的横向整合。

德国和日本主要侧重于工厂级别的制造系统的垂直整合，以降低成本并提高效率和生产率。其愿景是创建一种灵活的基于 CPS 制造架构的智能工厂，针对各种生产要求，工厂基于虚拟仿真、数据、通信和软件算法，自动完成系统重新配置。美国主要侧重于整个价值链中不同公司之间的横向整合。它旨在在制造价值链的不同阶段（如入库物流、生产、出库物流、服务等）协调各种 IT 系统和信息，以实现产品和服务的端到端数字工程。

（三）缺失的环节

随着工厂内部以及全产业链内物联网和 CPS 的实施，信息成为软件定义制造实现流程编排和管理的最重要资源。

在第三次工业革命期间，系统着重于公司内部职能间的信息和流程整合，例如，基于制造执行系统（MES）的生产流程要素控制，或 ERP 系统内的订单要求和生产规划。大型制造公司与 SAP 和 Oracle 等供应商合作，使用本地数据中心应用定制软件，从而设法简化基本内部业务流程。直到最近，云服务提供商才基于价格实惠的 IaaS（基础设施即服务）方案为中小企业提供类似的工具。总体而言，这些系统的实施主要由专注于公司边界内的数据和流程（即垂直整合）的单一参与方来操作。

随着制造业4.0的到来，各种组织关注的重点已转向对整个制造业生态系统中形形色色的参与方做基于数据和流程的整合（横向整合）。在生态系统层面，区块链的应用寻求在全价值链内实现流程自动化，促成以问题为中心和可自我重新配置的制造网络搭建，使之能够迅速而精准地响应要求，完成制造活动。

这一愿景的实现缺失的是一个共用且可信的平台，该平台可以增进整个价值链内不同规模公司之间的关系，从而构建起在生态系统层面协调运行的应用。根据2017年对210家德国公司的调查，被视为生态系统层面交换数据的主要障碍包括：泄露商业机密，数据访问权限控制不足，对侵权责任定义不清，缺少专有标准，担心失去竞争优势，以及参与方眼界不够开阔等。[143]

意识到这些局限后，工业数据空间协会（IDSA，Industrial Data Space Association）于2016年在德国应运而生。它是“一个虚拟数据空间，基于专有标准和协作治理模式，在业务生态系统中支持安全交换和简单数据链接”[144]。

IDSA管理着工业生态系统中的信息流，专注于制造业4.0生态系统中最关键的要素——数据。尽管这项倡议提出了广泛适用的参考模型，以促进在可信赖的业务生态系统实现数据的安全交换和轻松链接，但是如何使全球范围内缺乏互信的参与方在动态环境中建立可靠的数据交换和业务关系仍然是一个悬而未决的问题。

三、以区块链搭建制造业 4.0 的新兴平台

（一）区块链与制造业 4.0

区块链技术弥补制造业 4.0 缺失的一环。作为一个共享平台，区块链为全球范围内的透明、安全和受控的信息交换提供了便利。作为一个受信任的平台，区块链消除信息孤岛，可以为本地和跨地域实施的软件定义的制造，实现流程的编排和管理。此外，嵌入了区块链的业务逻辑可以为上层服务提供一个功能层，为全球制造商释放大量商机。通过支持在整个价值链上实现互动，区块链有望成为制造业 4.0 的一个平台。[145]

如今，在比特币式区块链的原始架构基础上，存在一些用于满足不同应用需求的专用区块链（广义上称为分布式账本技术）。大多数区块链都是围绕三个关键要素构建的：区块链数据库、智能合约和通证。这些要素让公司得以对制造业 4.0 生态系统应用的必要数据和流程实施管理（见表 7－1）。

表 7－1　制造业 4.0 平台区块链技术的关键要素

要　素	解决的问题	技术术语
区块链	谁在某时做了什么	可归因数据（attributable data）
智能合约	以一致同意的方式完成计算	确定性计算（determinitic computation）
通证	绑定功效的数字资源	加密通证（cryptographic tokens）

资料来源：Monax Explainers，“Ecosystem Applications”，monax. io.

区块链技术的核心是一个分布式数据库，该数据库使用复杂的加密技术将事件（即交易）组合进一系列区块（即区块链）。对于事件，区块链数据库可以有效地验证消息的发送方（即密钥持有者）是否拥有该对象的管理权（即转移对象所有权的权利），然后将管理权转移给接收者。

由于区块链数据库在所有网络参与方之间实现共享，因而可以在生态系统层面实现事件的归因和排序，过程可靠且可恢复。在制造业环境中，区块链数据库可以为实现机器或人工触发的任意类型数字资产的交换提供便利。

最重要的是，区块链可以将制造企业的内部环境及其既有系统（如 MES 和 ERP）与外部环境相衔接。以实现在企业边界内受控的信息交换，从而为实现端到端横向整合的协作式的制造业 4.0 扫清了主要障碍。

智能合约可以通过编码体现任意类型的以数据为驱动的交易业务逻辑，并确保计算以约定的方式进行。智能合约最初由尼克·萨博（Nick Szabo）定义为"执行合约条款的电脑化交易协议"。它是存储在区块链上的程序，遵循规定执行指令，且不受到外界干扰。因此，它们为分布式设置提供了前所未有的确定性。对于制造业，智能合约可以用于监控库存水平，并通过与生态系统供应商协商给定范围内的价格来自动补货。

通证（token）是生态系统内以资产为支持的或原生的数字资源。资产支持的通证类似于对基础资产（例如钻石）的债权。诸如以太坊上的以太币（ETH）这类原生通证是网络固有的，类似于生态系统中的某种价值（例如，以太坊网上的算力）。这些通证通常是助推网络运转的燃料，用以奖励利益攸关方的贡献（例如，运营网络或提供顶层服务）。

最重要的是，原生通证代表着网络中的股份，其价值随着网络使用率的增长而增长。这激励所有网络参与方为网络持续地作贡献。在协作式制造业 4.0 网络里，原生通证可以提供一种机制来激励形形色色的合作伙伴甚至客户或竞争者来贡献力量，而无需事先单独指定收益分成条款。

区块链技术结合了区块链数据库的交易确定性、智能合约的执行确定性和通证的经济激励，为公司在软件定义的制造环境中管理数据和流程提供了一个共享平台。

共享的自主工厂模式展现了区块链和智能合约成为制造业 4.0 平台的潜力。体现了从客户需求到最终产品出货全过程的端到端定制生产的全过程：

- 一旦客户配置了订单，就会在区块链上创建一个唯一的产品标识，然后签发一份智能合约详细说明制造过程的工艺清单。
- 进入 3D 设计文件市场，采购一款设计文件（从创建到传输再到 3D 打印的全过程均用区块链加密对文件做了端到端的保护）。
- 标准化的智能合约可为设计者自动核算专利费。
- 基于工艺清单和设计文件，智能合约可以自动采购生产所需的材料和服务。
- 随后，产品会在当前产能有冗余的本地共享工厂进行生产。
- 产品生命周期信息（所用材料、生产流程、制造地点和日期等可靠数据）与产品标识号关联并保存到区块链上。
- 然后，这些信息可以根据需要单独分享，以便进行质量控制，或采取合规、保修或召回措施。
- 最终产品与产品标识号相关联，以加密芯片保存物理对象和区块链之间建立起的防篡改链接。随后，服务提供商会给产品进行包装、存运和跟踪。

共享的自主工厂模式涉及工厂层面的垂直整合以及整个价值链中不同参与方之间的横向整合。它阐明了我们可以如何在启用区块链技术的平台上实现智能工厂、智能产品和大规模定制等制造业4.0的愿景。

作为用于交易处理和流程自动化的通用技术，启用智能合约的区块链有望成为制造业4.0的平台。然而，制造业内区块链的实际应用仍处于早期阶段，目前还主要关注在制造业4.0大图景中某些小的方面。

尽管好处似乎很明显，但在释放区块链的全部潜力之前，我们仍然有许多困难需要克服。随后，本研究会将重点放在正在受到关注的主要用例上，详细说明制造业企业如何受益。然后，我们转向要克服的主要困难、主要的应用方式和前瞻性建议。

（二）主要用例

区块链技术在制造业中的应用还处于起步阶段。在将区块链作为一种技术本身进行探索之后，我们公司开始着手研究四个重点用例（见表7-2）。

表7-2　制造业领域主要用例概览

用　例	核心要素	描　　述	示范案例
分布式制造网络	区块链、智能合约、通证	基于区块链的平台通过智能合约促进买家和制造商之间的互动，以简化生产流程和通证，为各参与方提供激励	SyscFab

（续 表）

用　例	核心要素	描　　述	示范案例
增材制造	区块链、智能合约	区块链和智能合约充当安全层和中间件，以集成和连接数字线程，为实现增材制造的所有环节奠定基础	Cubichain、Genesis of Things、穆格
资产生命周期管理	区块链	区块链有助于实现共享和不变更的产品信息存储，为多方提供管理资产生命周期的可操作的数据线索	法国航空公司（Air France）、波音公司（Boeing）、通用电气（General Electric）、汉莎航空（Lufthansa）、大众汽车（Volkswagen）
供应链可见性	区块链	区块链通过将供应链中的所有参与方及其交易录入到单个共享账本中，从而提供近乎实时的深层供应链可视性	博世（Bosch）、点融（Dianrong）、富士康（Foxconn）、马恒达集团（Mahindra Group），四川合家（Sichuan Hejia）、辉瑞公司（Pfizer）、基因泰克（Genetech）

第一个用例旨在基于区块链对未来分布式制造网内涉及的所有参与方（从买方到制造商再到最终的物流提供商）进行协调和整合。

第二个用例关注增材制造的制造流程，由于其数字特性，该流程极易因区块链的应用而发生变化。制造流程日益趋向软件定义，该用例展现了区块链和智能合约在跨企业整合上实现任意类型制造流程的自动化方面的潜力。

第三个用例则描述了如何在区块链上创建数字孪生（digital twin），以管理资产生产后的生命周期。这对于需在市场上保存数十年，需要多方参与和维护的资本密集型资产尤为重要。

最后一个用例突显区块链在提高供应链可见性方面的作用。在单个共享账本上加入供应链所有参与方，保证了供应链流程的端到端可见性。这可以带来诸多益处，例如，可以提高供应链金融的效率，也可以为打击假冒部件提供透明的源流信息。

尽管我们可以根据每个用例的主要适用范围对其进行分类，但应注意，这些用例并不是互斥的。相反，这些用例代表小的建构模块，这些建构模块相组合，恰恰展现了区块链技术作为实现制造业 4.0 一个更广泛平台的广阔潜力。

1. 连接分布式制造资源

全球化和需求波动对在设备销售地完成设备柔性制造的要求越来越多。为了更有效地应对全球需求，制造业企业（其中许多公司——在美国约为 95%，是独立的中小型企业，他们在高度专业化的领域中被称为“隐形冠军”）必须找到方法，使制造资源更易被获得。[146] 得益于重大的技术进步，如先进机器人技术和数据处理技术，分布式制造有望将分散在全球各地的买家和硬件制造商高效地连接起来。

尽管互联网大大提高了全球产能的可见性，但由于缺乏数字化和制造流程的整合，交易成本仍然高得令人望而却步。结果，中间商和大型采购公司应运而生，它们提供采购管理、合同管理和质量保证等服务。由于中介机构协调供求关系，决定价格，加之缺乏知识产权保护，小型创新者和公司难以获得制造资源。

在对500名采购专业人员的调查中，有31%的人认为能否找到合适的制造供应商是一个主要问题，而39%的受访者在过去12个月中经历了安全漏洞。总体而言，低效率的产品采购流程导致北美企业每年损失15亿美元的收入。[147]

SyncFab是旧金山的一项计划，于2013年启动，“成为第一个从设计到制造交互式供应链生态系统”。[148] SyncFab通过将分散的企业和个人与机器加工厂联系起来以简化和加速制造的流程。自2013年以来，SyncFab设法在加利福尼亚各类机器加工厂增加了超过77种电脑数控加工功能。

SyncFab构想了一个高效且高度自动化的从买方到制造商的对等平台，搭建了一条智能制造区块链，“聚合所有订单并将请求直接发送给予买方要求匹配的制造商……利用我们的智能合约简化采购流程，消除了因沟通不畅造成的工时浪费，以及因此导致的生产错误或延误”。

与当前孤立式的解决方案相反，区块链技术促进了横向整合。由于信息在整个价值链中同时存储和验证并同时达成一致，它为“关心安全和知识产权的制造企业创造了一个理想的生态系统”[149]。

SyncFab已将其当前平台迁移到基于区块链的解决方案，于2017年11月中旬启动了私有通证预售，并于2018年2月中旬开始了主要公开销售。该平台旨在通过SyncFab的所谓制造设施通证

（MFG）来实现去中心化制造生态系统内的价值分享体系，从而实现其去中心化的作用。

最重要的是，基于区块链的 SyncFab 平台可以促进采购方和制造商之间的交互。该平台将根据制造商的订单历史记录、机器产能以及与购买者需求相关的早期产品设计，直接将采购方与制造商联系起来，从而在没有经纪人的情况下提高采购和生产的速度。

完成的采购订单记录在区块链上，帮助用户建立一条不可变更的有关过往表现、可靠性和交付准时性的历史记录。因此，我们可以对供应链的所有部分进行认证，并将其提供给潜在的采购方，而无需重新谈判。这可以保证经采购方确认的订单会根据特定的要求交付。

SyncFab 打算将交互各方之间的交易关系以代码形式编写成智能合约。这类合约可以保存具备有限访问权的加密知识产权，或者保存邀约制造商投标制造某项目的报价请求（RFQ）。此外，我们还可以为采购订单、投标人和报价金额备案、生产标准、设计文件或任何其他可分享的知识产权（IP）、检查报告和付款条件等创建智能合约。当各利益相关方可以明确地定义交易条款并客观地衡量和验证交易是否成功时，智能合约尤其适用。

SyncFab 使用基于区块链的 MFG 通证来协调生态系统中的激励措施，那些针对报价请求（RFQs）提出更快更有竞争力报价的制造商有望得到奖励。向购买者提交报价后，制造商还可以将 MFG 通证作为折扣形式附加在其报价上。此外，SyncFab 会在任何最终采购订单上加收以 MFG 通证计价的交易费，以便为平台的开发和运营提供资金。

总体而言，SyncFab 平台可协调制造价值链中的各参与方，从而促进横向整合，这是制造业 4.0 计划的关键目标。与其他平台类似，它的目标是实现“优步化”（uberization），即部署未充分利用的制造业产能。通过消除中介（例如经纪人）、过时的软件和效率低下的采购流程，这个平台大大降低了交易成本。因此，它降低了采购方和制造商进入的门槛，并在全球范围内建立起透明的分布式制造网络。采购流程和制造设备越来越趋于由软件来定义，基于区块链的智能合约可以拓宽自动化的范围并助推先前描述的共享自主工厂愿景的实现。

2. 实现端到端增材制造

增材制造是制造业的范式变迁，因为它允许生产者通过在通用制造设备（有时称为 3D 打印机）上逐层添加材料（例如塑料或金属）来灵活地创建单个对象。由于这样的制造过程完全由计算机控制，且可以通过提供不同的基于计算机辅助设计（CAD）的文件实现简单的定制，而无需重新开模产生昂贵的成本，因此，增材制造有望使制造业 4.0 大规模定制的愿景成为现实。

如今，无论是在创客运动还是在产业环境中，都有个人和团队在设计阶段使用增材制造技术进行原型制作，在预生产阶段用它来进行小批量的部件生产。尽管增材制造的好处显而易见，但由于缺乏规模效应，增材制造至今仍难以进入工业批量生产阶段。在设计或预生产阶段小批量生产部件与进行经济可行的部件批量生产是有很大不同的。

信息孤岛和分散的软件系统阻碍了增材制造全流程实现完整可见性和自动化，这成了增材制造实现规模化的主要挑战。意识到这一挑战后，美国国家标准与技术研究院（NIST）和其他机构正着手整合软件设计平台、多种增材制造技术以及跨地域的实体制造设施，以创建集成式端到端数字线程，即“涵盖初始设计到部件制成品的单一无缝的数据线程”[150]。

行业专家将区块链技术视为实现服务于增材制造的集成式数字线程的主要推动力。因为，区块链技术提供了“安全层和中间件，可以将数字线程进行整合和联结，为增材制造整个数字和物理生命周期内发生的所有交易提供支持”[151]。例如，设计变更可以立即完成并在所有利益相关方实现同步。此外，区块链可以提供不可擦写而可追溯的变更记录，它能保护知识产权免受未经授权的访问。航空航天精密部件制造商穆格（Moog）以及制造业联合体 Cubichain 和 Genesis of Things 采用一切从零开始的方法，证明了区块链在增材制造中执行可靠数字线程的可行性。[152] Cubichain 对增材制造过程中区块链的用途和价值进行了说明。

增材制造过程始于设计阶段的产品数字化定义（DPD）的创建。将原始数字化定义产品（DPD）的哈希 ID（hash ID）作为元数据推送到区块链上，由此创建不可擦写的安全记录，从而确保数据的完整性。在设计阶段，DPD在不同设计软件里被修改，在不同工程师、部门甚至公司之间几经移交。这些修改通常由不同的产品生命周期管理系统来完成跟踪，但这类系统的配置工作量相当大，且需要集中式的治理。

在此阶段，区块链可以促进不同公司和部门之间DPD数据的近乎实时的同步。作为共享账本，区块链提供了一个安全的交易层，它可以跟踪不同文件格式之间DPD版本的变更，并保证对整个设计阶段的可追溯性。

除了实际设计之外，相关元数据（例如3D扫描仪的正确校准或CAD软件的正确版本）也可以与DPD文件一起存储。由于大多数区块链应用都依赖单向追加机制，因而有助于在分布式设置下进行迭代反馈和模拟循环。增材制造的设计阶段特别适合由区块链来增进实施，因为其价值创造过程几乎完全数字化，因此可以直接与区块链对接。

在制造阶段之初，最终版DPD将被移交给制造商。然后，制造商将哈希ID与DPD设计人员提供的哈希ID进行比较，以确保文件未被篡改。这种移交和验证也可以完全自动化，使用智能合约“（根据可用性、价格、质量和位置等属性）来定位最合适的打印机，并自动协商价格、质量等级和交货日期等条款”[153]。随后，DPD文件会直接被移交给3D打印机，无需人员访问或干预。

在关键任务组件（例如飞机的备件）中，没有人为干预的风险尤为重要。例如，空中客车公司（Airbus）探索了“如何将敏感设计数据发送到想要制造空中客车公司3D打印部件的任何国家的3D打印公司，只要它能保证嵌入式智能合约所验证的质量和安全标准。在打印时这份合约可能会立即将数据删除”[154]。

一旦部件完成生产，机器本身的视觉系统核验完制造质量，就会通过源流数据和时间戳更新设计的元数据。由于复杂的部件可能需要通过制造记录审核来完成认证，因此，整个制造过程中的机器控制数据和传感器数据也可以添加到部件的元数据中。

除了在制造过程中嵌入的明确标识符（例如序列号），还可以使用超高清（UHD）3D扫描仪进行数字计量认证，从而生成部件的标识符并将其添加到区块链，还可以用X射线荧光（XRF）数字材料留下签名以证明其真实性。这样可以确保归因，并提供一种形成部件监管链的方法。

由于其数字性质以及对连接性和安全性的要求，增材制造流程适合采用区块链技术。基于区块链和智能合约的数字线程有望大大降低交易成本。通过改变根本性的经济权衡，区块链技术有望推动制造业4.0愿景中的大规模定制的实现。基于增材制造的制造降低了达到最小有效生产规模所需的资金，从而降低了制造业准入门槛。此外，增材制造减少了生产设置切换和人工定制的环节，从而促使单位生产资料所能生产的产品种类大幅增加，更进一步降低了范围经济的门槛。

这些变化表明区块链技术的应用有实现制造过程民主化的趋势，供应链非中介化，并且增加了顾客及中小型企业的自主权。尽管如此，早期的应用似乎是由制造业巨头联合推动的，例如在美国，波音公司（Boeing）和诺斯罗普·格鲁曼公司（Northrop Grumman）等，就是 Cubichain 技术公司项目的参与者。在德国，则是全球工业印刷技术领域的领头羊 EOS，在推动 Genesis of Things 项目，它最近宣布与 Premium Aerotech 和戴姆勒公司（Daimler）一起共同开发序列增材制造技术，区块链技术是否会对解决方案的某些部分有帮助还有待观察。[155]

3. 为资产生命周期管理赋能

任何具有复杂设备（例如飞机或者汽车）的行业，都需要在资产的整个生命周期内对其进行跟踪。例如，一架飞机在报废之前通常要运行 10 到 30 年。一架飞机在其生命周期内通常会有多个所有者，并由不同的服务商提供维护。

随着资产在其生命周期中发生所有者变更，证明其已按照规范进行组装、操作和维护的可信证据成为取信问题，对于飞机等关于生命安全的设备而言尤其如此。飞机的部件是不是正品，其运行是否正常？如何证明证书未被篡改？由于涉及多个参与方，例如供应商、原始设备制造商、航空公司、维修保养公司和监管机构等，因而信息不对称的现象非常普遍。这些文档通常由不同的纸质文件构成，且仅提供与资产有关的零碎历史记录。

区块链作为共享账本，可以为资产提供单一且具有无可争辩信源的历史记录。这可能涵盖具备唯一性标识部件的历史记录和源流，正如前文提到的增材制造用例一样，它可以由供应商提供。然后在组装过程中，原始设备制造商在与各个部件相关的区块链上创建复杂设备的数字孪生模型。设备一旦运行，它的保养和维修历史记录便可以在区块链上更新。资产的使用情况和损坏事件可以通过安全的物联网传感器来添加。最后，区块链还支持转移资产的所有权及其全部历史记录。

我们在汽车和航空业（主要是后者）看到了区块链的早期应用和概念验证。例如，在汽车制造中，博世和德国莱茵 TÜV 集团（TÜVRheinland）通过在区块链上写入并不断更新特定汽车的行驶里程数来确保汽车里程表数据的可靠。[156] 通用电气公司最近为“动态优化”系统的构想申请了专利，该系统涵盖了飞机管理、运营和维护的诸多方面。[157]

大众汽车公司和 BigchainDB 采用类似的方法测试了一种汽车护照，该护照记录了汽车的油耗、里程数和损坏数据；法国航空公司已会同维修保养公司进行区块链试验；汉莎航空工业解决方案公司（Lufthansa Industry Solutions）最近启动了航空区块链（BC4A）计划，以探索飞机维护透明性方面的用例。[158]

波音公司采用整体方法，试行使用区块链来管理整个飞机的生命周期。飞机的生命周期可以分为四个关键阶段：设计建造、排班运营、监控维护和报废处理。

每个阶段均由各种系统支持，譬如，设计建造阶段用到的制造运营管理系统（MOM），排班运营阶段用到的航线运营中心系统（AOC），监控维护阶段用到的飞机维保系统（AMS），以及报废处理阶段用到的飞机拆除管理系统（ADM）。迄今为止，这些系统主要属于不同组织内部的孤岛系统。通过创建一个共享的、支持物联网的区块链平台，可以将这些孤岛中的数据组合，成为资产的一部分在飞机生命周期的各个阶段来回移动，也可以在飞机生态系统中的各个利益相关者之间共享。

在飞机设计之初，就基于区块链创建一个它的数字孪生。然后，随着飞机的建造、交付、运行、维保和报废，与数字孪生相关的信息会得到更新。在每个阶段，状态变化信息和飞机的相关数据都被传输到区块链平台。例如，在运营阶段，波音787飞机的每次飞行都会生成大约1TB的数据。[159]

在每次飞行结束时，相关数据（例如降落时收集的数据）可以与飞机的数字孪生关联。物联网传感器可以提供显示着陆是硬着陆还是软着陆的重力加速值。根据着陆类型，可以计算消耗的着陆次数。根据消耗次数的历史数据，预期维保模型可以预测下一个检查日期。然后，这些信息（包括补充数据，如飞行期间和着陆时的天气状况）将被推送到区块链上。使用其飞机ID获取相关信息的客户，随后会收到飞机降落的事件更新。这一更新可能会触发后续操作，如在预计的检查日期进行维保或修理。

在区块链上做资产生命周期管理减少了多方之间信息不对称的情况，因为它提供了资产的不可变更的历史记录。正如诺贝尔奖获得者乔治·阿克洛夫（George Akerlof）在他的著作《柠檬市场》（*The Market for Lemons*）中所指出的那样，这将减少逆向选择，催生更高效的资产市场，因为购买方可以在资产售出或投入运营之前，更准确地评估它的价值。[160]

基于区块链的资产历史和使用情况记录有着近乎实时的透明度，这会促进制造商在业务模式方面的创新。在资产环境下，制造业商业模式可以沿四个类别演进：交易型、签约服务型、产品服务系统型和产品即服务型。

目前，大多数制造商都以出售设备品的方式践行交易型商业模式。这样制造商与买方的互动仅限于单次互动，例如，汽车销售。

签约服务型商业模式在制造业中也很普遍，如果发生需提供服务的事件，就需要增加交互。例如，在汽车发生故障时，需要提供24 小时维修服务。这通常需要有关资产过去使用情况的一些信息，例如以前维保工作的状况信息。

相反，产品服务系统型的商业模式需要将产品和服务集成到一起，从而在产品使用期间提供附加价值，例如预期维保服务。这种服务需要通过运行状态传感器和近乎实时的数据补充对资产的使用状况进行连续监控方可实现。对飞机而言，预期维保服务必须根据安全共享的数据审核路径来进行，部件供应商提供部件的数据，由原始设备制造商提供组装的数据，由航空公司提供运营的数据，由维保修理服务商提供维保的数据。

在产品即服务型商业模式中，制造商仅按使用情况出售设备的使用权，同时保留资产的实际所有权。这种模式是由罗尔斯·罗伊斯（Rolls-Royce）通过销售发动机小时数（每飞行小时的费用）的方式开创的。

最有趣的是，在这种模式下，双方都被激励着去维护运营资产，最大限度地减少停机时间和浪费，制造商和客户之间的利益达成一致。因此，部分运营风险转移给了制造商。产品即服务的商业模式也会帮助客户改变成本结构，因为客户不会因购买设备产生固定资产投入，而只发生运营费用，这样便有了优化资本支出的机会。

产品即服务商业模式将首先应用在复杂度高、资产资本投入高的企业对企业电子商务模式（B2B）领域，并向企业对消费者电子商务模式（B2C）市场的资本投入较低的资产领域延伸。

从制造业 4.0 的视角来看，产品服务系统和产品即服务商业模式需要智能产品，从而了解以何种参数运行可以发挥最佳功能，也可以在产品的整个生命周期中识别磨损迹象。这需要各种新兴技术的结合，例如物联网、5G 移动通信技术、机器学习和边缘计算等。正如波音的用例所示，区块链技术提供了另一个关键组件，因为它为各方提供了资产生命周期共享且不可变更的行为数据线索。

4. 增强供应链的可见性

供应链代表着参与商品创造和分配的各方之间的所有链接，涉及从原材料供应到将成品交付给消费者的所有环节。而现在复杂的供应链常常要跨越数百个阶段和数十个地点。

不同于以往，日益加速的创新步伐和制造业4.0愿景，激发了人们在大规模定制创新方面的竞赛，这要求制造商对供应链进行高效的管理、调试并持续地对其进行优化。然而，一份对全世界360位制造业高级管理人员的调查显示，只有不到82%的公司流程的可见性超出了其一级供应商层面。[161] 结果，制造商经常要冒着供应链出问题的风险运营，而客户则缺乏可靠的方式来验证所购产品和服务的源流。

区块链技术有望基于各方共享的可信账本近乎实时地提供深层可见性，从而让供应链的重要性得到极大的强化。受关注的供应链阶段和行业不同，增强可见性带来的好处也各不相同。矿业巨头必和必拓（BHP Billiton）作为原材料供应商，正在用区块链对形形色色的外部合作伙伴提供的矿样分析进行记录和保护。[162]

在供应链的另一端，零售公司沃尔玛则在试验如何通过提供诸如猪肉的食品原产地和交付过程的可信赖信息来提高食品可追溯性。以生产为中心的制造业公司目前正在探索如何通过发挥可见性这一优势来实现两种应用：供应链金融和源流管控。

区块链在供应链金融中的应用旨在将供应链上的所有相关方加到单个共享账本上，以实现供应链内部现金流动自动化和高速化。提高供应链各环节可见性，甚至是端到端的可见性，为规模较小或信任度较低的供应商提供反向保理所需的信任。因此，作为订购方的制造商可以向其供应商提供直接融资（其融资利率通常比基本保理业务更低）。

这一用例最早的试点是由点融和富士康、跨国集团马辛德拉集团（Mahindra Group），以及中国农业生产企业四川禾嘉集团共同推进的。[163] 尽管所有试点都旨在促进供应商到制造商的贸易融资交易，尤其是针对供应链深层的中小型企业，不过点融和富士康也致力于将非银行贷方纳入其链融平台。由于供应商的数量相对较少，他们打算首先关注技术、汽车和服装行业的供应商。

区块链在供应链内的源流管控方面的应用，旨在提供产品来源的可见性。在制造业中，源流管控对打击假冒伪劣商品起着关键作用。对于一些行业而言，假冒伪劣商品不仅构成经济上的重大威胁，甚至可能危害生命。

譬如，假药占全球药物供应量的15%，每年可能导致数十万人死亡。[164] 为了制止造假者，辉瑞和基因泰克（罗氏旗下的生物技术子公司）启动了基于以太坊的医务志（MediLedger）项目，以支持制药企业依据《美国药品供应链安全法案》（DSCSA）的要求对处方药物进行跟踪和追溯。[165]

同样，德国跨国工程公司博世也面临着假冒汽车部件的问题，这类部件经常因质量问题而被退返到博世那里。博世基于超级账本开发了一套概念验证系统，用于跟踪汽车部件从其出产的博世工厂到消费者手上的源流状况：

- 首先，博世工厂将部件可靠的标签信息（如刻下的序列号或水印编码）及其随附信息注册到区块链上。
- 然后，部件在明确物流服务商和目的地信息后，被运往博世汽车售后市场处，由该处登记部件的抵达情况。
- 部件再从那里，被运往分销商并出售给消费者。

每个步骤都记录在超级账本上，其过去的所有步骤也都可以在不可变更的链条上关联到。消费者对部件进行扫描即可以验证其是否为正品并查验其源流状况；而博世则可以在单个部件层面检测其是否为假冒产品，确认是不是从灰色市场进口的货物，从而大大地降低因假冒产品给自身造成的费用。

区块链有潜力提供对供应链来说前所未有的近乎实时的深度可见性。这可以支持制造业企业通过为规模较小或信赖度较低的供应商提供直接融资来开展反向保理业务。制造业企业还可以汇报其产品的源流状况，以增进买家的信任，并打击假冒伪劣商品。尽管这是区块链技术在制造业内的两种变革性应用，但是随着供应链可见性的不断提高，整个供应链生态系统内以及邻近产业中都可能实现效率的提高，同时也会催生诸多新的商业模式。

四、应用中遇到的挑战

早期的应用面临着若干挑战。第一，选择合适的区块链协议需要对需求、可用的功能集以及各个协议的成熟度进行广泛评估；第二，区块链的应用需要链接到物理世界，所以必须确保数字物理接口的安全；第三，必须始终保障网络和用户界面的安全性；第四，在智能合约应用前需要对适用的应用范围进行研究和评估。

（一）选择合适的区块链协议

由于可用的区块链协议（例如比特币、以太坊、超级账本）越来越多，协议选择需要先对协议的优缺点进行综合分析。在制造业环境中，决策者应当从各个维度对区块链协议进行评估。

对开放性的选择（Choice of openness）。这个维度确定了一些主要协议功能（见表 7－3）。在某些制造业区块链应用（例如飞机生命周期管理）中，应用范围可能仅限于预先核准数量的已知参与方，这种情况偏向于选择企业区块链协议（如超级账本）。其他用例（如增材制造）可能会受益于开放式区块链解决方案（如以太坊）的网络效应。已知参与方预先核准数量降低了对算法信任的需求，其通常支持更高速的交易吞吐、更全面的访问级别控制，并有望支持更具性价比的运营。

表 7－3　企业区块链和公共区块链功能对比概要

功　能	企业链（许可链）	公链（非许可链）
访问	对数据库读和（或）写需获得许可	开放对数据库的读写访问
速度	更快	更慢
安全性	参与方须预先批准（“需获信任”）	开放网络（“无需信任”）
身份识别	身份已知	匿名/假名
资产	任意资产	原生资产

🔗 协议治理（Protocol governance）。区块链协议通常由开发者社区（例如，比特币或以太坊）、联盟（例如，超级账本或 R3）或公司（例如，瑞波）来管理。联盟和公司通常提供清晰定义和透明的协议治理，而由开发人员社区管理的协议经常会遇到治理破坏和协议意外更改的情况。由于制造业区块链应用通常在 B2B 环境运行，有些运行环节关于生命安全，因而治理和协议更改会成为主要

问题。与平台（如以太坊）相反，一些区块链（如超级账本或Monax）也可以作为软件在公司内部或公司间网络中运行，从而降低协议意外更改的风险。

适用范围（Application scope）。最后一个方面涉及区块链协议的预期应用范围。尽管早期的区块链协议（如以太坊、超级账本）通常专注于提供行业未知场景的功能（例如智能合约、链代码），但现在已有越来越多的专用区块链可供考虑。专用区块链不是为了创建最少的共用的功能，而是旨在为特定行业实现卓越的功能集。

制造业用例需要频繁地对运行中的实物资产进行毫秒级高度精细化的管理，这是通用区块链很大程度上无法满足的交易要求（它们的每秒交易吞吐量低，而且交易费高）。

相比之下，诸如IOTA之类的新协议则保证支持实时处理机器对机器（M2M）交易，且保证其高度可扩展性，也不产生任何费用。尽管新协议可能需要一段时间才能成熟，在生产环境中推出大规模实施方案之前，仍应接纳专用区块链，并对每个用例进行仔细的评估。

（二）保障物理数字接口的安全

另一项挑战涉及制造设备的物理数字接口，涵盖输入材料或产品以及基于区块链的数字账本。该界面要求对实体商品及其当前状态提供唯一标识。对于高价值物品，精密的标记或测量技术（如UHD－3D扫描仪）可以提供解决方案。但是，对于低价值和大批量生产的产品，这些方法在经济上可能未必可行。因此，我们必须了解，如果不通过补充技术或任何其他方式来把控物理数字接口的信任问题，那么区块链可能解决不了问题。目前在保护物理数字接口方面，主要有三种方法。

第一，可以基于对象的物理属性将其识别为被动标识符（passive identifiers）。易葳录是最早使用这种方法在区块链上保护钻石的公司之一。它创建了一个不可变更的数字足迹，通过四个“C”（切割、清晰度、颜色和克拉重量）和测量的40多种属性来定义钻石的唯一标识。当钻石从未切割的原始阶段转变为抛光的钻石时，认证的合伙人会基于其物理属性的转变更新钻石的数字指纹。

第二，还有主动标识符（active identifiers），如序列号、二维码和嵌入式物联网设备。这些符号可以在生产过程中集成（例如，在生产过程中对汽车替换部件添加序列号），也可以在后期阶段集成（例如，添加通过安全哈希值静态链接到区块链标识符的二维码）。然而，大多数这类标识符具有容易被克隆或与物理对象分离的风险。

第三，越来越多的公司将重点放在创建主动式加密标识符（active crypto identifiers）上。这些新型标识符结合已有技术（如近场通信设备和公钥加密技术）来增进物理对象与区块链的直接交互。因而该对象被授予不可伪造的身份，以此自主地与区块链以及区块链平台上连接的其他设备进行交互。

尽管这使区块链身份验证系统上创建的原生身份无法被克隆或复制，但它无法阻止身份遭受物理篡改。因此，该领域的供应商专注于尝试让篡改立即曝光（例如，Chronicled 提供的 CryptoSeal 标签，在标签被移除后会造成嵌入式电路的永久损坏）并因此形成高昂的成本（例如，Riddle 提供的加密芯片可以通过内存余量、封冻 RAM 和监控电磁信号等方式实现操控）。

（三）保证网络与用户界面的安全性

保障物理数字接口的安全非常重要（这类接口多出现在提供非纯数字产品或服务的行业，如制造业），保证区块链网络本身和用户界面的安全性同样重要。

到目前为止，比特币已证明了区块链技术的网络安全性。作为首先应用的公共区块链，它提供了最大程度的攻击面，但是区块链经受住了黑客的大规模攻击。这是因为共识机制为区块链网络提供了主要的安全要素。由于既有共识机制［（例如比特币）的效用证明］的成本越来越高，人们提出了新的方法（例如权益证明）。[166]

协议变更不仅影响共识机制，还影响数据的组织方式。例如，IOTA 不使用区块，而是使用有向无环图链。虽然新机制有望带来更高的效率和更好的性能，但就网络安全性而言，它们是否与原始比特币区块链协议的性能相当尚待观察。

系统的安全性仅取决于其最薄弱的环节，在大多数情况下，最薄弱的环节就是实际用户。与常见的误解相反，大多数区块链黑客攻击并非发生在网络协议层面，而是发生在区块链网络的用户界面上——主要是钱包、交易所和基于协议的分布式应用程序（Dapps）。因此，区块链用户界面是确保安全的关键要素。在制造业环境中，这意味着人类用户和机器必须用私钥在区块链网络上证明自己的身份。如何将私钥以保密的方式存放在安全的（可以是物理或数字层面的安全）位置成了一项重大挑战。

此外，复杂的图灵全脚本语言（如以太坊）支持用户编写复杂的应用程序，而这些应用程序通常无法保证没有错误。对于基于区块链的智能合约应用而言，像为飞机提供动力这种关键任务，安全的代码是前提条件。因此，正式验证应用程序预期功能的机制成了当前研究的重点，也应该成为区块链用户的主要关切点。[167]

（四）评估智能合约的应用范围

智能合约提出了以约定的方式进行计算的承诺。因而，它们成了专注于业务流程自动化应用的核心。然而，智能合约的适用范围仍然模糊不清。在实际应用中，必须至少满足两个条件才能让智能合约创造可观的价值。

首先，相关各方需要对合约条款进行明确定义，不得存在任何歧义。这就要求各方对合约履行与执行的标准有清晰而明确的理解。数据驱动型交易（接近离散式）的合约（例如，汽车标准化部件的购买，即可以用明确定义的功能和特征搜索到的商品）可能会极大地促使这种情况的发生，因为可以预先对交易的产品和条件进行明确的定义。相反，关系式合约则被用于更广泛的社会场景中，这类合约（如雇佣合同）在行为方面嵌入了隐性理解。[168]

其次，衡量合同执行是否成功，必须有客观而简易的方法。尽管对于数字资产或数字化资产而言（例如，虚拟货币的转移），这通常是可以实现的。但是，对实物输出（例如，汽车部件的自动化生产）而言，则更加困难。如果价值创造过程涉及任何可能导致输出质量发生意外变化的人为表现（例如，汽车的组装），情况就更为严重。因此，要衡量实体产品和服务是否符合先前确定的质量标准，就需要精密的物理数字接口（例如传感器、扫描仪）。

尽管某些高度交易型的业务流程（例如，标准化部件的自动投标流程）可能会受益于智能合约的实施，但是许多实际应用仍无法完全满足这两个标准，因而需要大量的主观人工判断（例如，对一台复杂设备的报价请求进行评估）。因此，许多应用会需要将合约的自动化智能要素与需要人工判断或交互的要素搭配来实现，而不是纯粹地执行智能合约。

五、有关制造业 4.0 的心得要点

区块链技术是制造业 4.0 的愿景不可或缺的组成部分。作为一种共享式账本，区块链可以搭建行业范围内的共享平台，实现数据的安全交换。通过将制造商、上游供应商、下游客户和消费者连接起来，区块链作为平台可以实现端到端工艺流程的监控和经济实惠的规模化大型定制。

区块链的不可变更性将至关重要。 对于在所有权、运营和维护方面具有共享流程的资产，我们需要一个永久记录，为它的整个生命周期建立数字化的产品记录。结合精密的机器学习算法，有关源流的信息以及磨损的信息将成为智能产品预测技术故障或优化机会的基础。

实时的数据访问和控制已成为一种商品。 随着越来越多的制造业设备和供应链配备传感器和通讯连接，数据将成为一种资产。作为安全数据共享基础设施的区块链与作为流程自动化手段的智能合约相结合，全行业范围内的数据驱动和软件定义的制造活动将显

得触手可及。

我们的四个用例在基于区块链的应用方面都具有很高的可行性。每个用例都展现了区块链技术在制造业领域的潜力。虽然这些用例（见表7-4）看上去能轻松实现，但它们是当前业界关注的焦点，也将为全球众多基于区块链的新产品、新服务和新的商业模式提供基础和灵感。例如，经验证的机器数据的交易市场，基于智能合约的产品及服务的责任保险，自动预测微型维保合约，基于智能合约的按使用计费的资产共享，基于源流信息的营销或纠纷管理。

应用方面存在一些挑战。最重要的是，公司必须根据用例需求，仔细评估许可链、非许可链或混合链的使用。尽管许可链可以在满足某些需求方面（如交易吞吐量）能提供更高的性能，但它们通常仅限于预先批准的一组参与方使用。

另一个需要考虑的关键要素是协议治理。某些（多数为许可链）协议可以作为独立软件来应用，而无需参与或监管协议治理。但是，许多非许可协议（如比特币和以太坊）由开发者社区和网络参与者（如用户、矿工、节点运营商）来管理，它们决定对协议实现集中变更。利益攸关方必须积极参与制定和交付行业标准，以确保协议不仅能继续支持其用例，而且还能改善相关功能集。

保障用户界面和网络安全至关重要。由于产品制造和服务是主要基于物理价值创造活动来完成的，因此区块链用例需要安全的物理数字界面来识别实物及其当前状态。另一项关键挑战是评估智能合约的应用范围。

最重要的建议是开始应用。 一种方法是直接以内部的小型而聚焦的概念验证项目来展开应用。正如用例所展示的，人们以越来越多的小规模计划来探索高度聚焦的区块链应用的试点和实施。这些通常由单一制造业企业主导，由成熟的 IT 供应商或区块链技术公司提供必要的专业支持。

以了解区块链为目的，确定试点项目的范围。我们对区块链的业务价值需要具有评估能力。对于为公共目的部署的实施，我们应专注于非关键作业试点，因为它们提供了大量的攻击面，并且需要做好备用计划，以备有人发现并利用项目中存在的漏洞。

另一种选择是参加联盟。公司可以加入诸如可信物联网联盟（Trusted IoT Alliance）之类的联盟，以获取基础知识，了解最新趋势，并共同建立行业标准。联盟不应该从标准化开始，因为我们对高产环境中主要的区块链实施还缺乏实践经验。

联盟最初应侧重实践经验的收集。发现具有挑战性的边缘案例将有助于标准的定义。为实现开放标准，大多数联盟（例如可信物联网联盟和超级账本）都会公布其代码库并在白皮书中报告其进展情况。总体而言，这样可以鼓励讨论和促使早期试点应用，从而方便起草经预审且具有广泛支持基础的标准草案。

领导者可以对用例进行多方面评估。 如果想要评估相关区块链对手头用例的适用性，遵循决策树或简单的评估标准可能会有所帮助（见表 7－4）。这些方法可以成为判断有关用例是否确实需要区块链的首要指标。

表 7-4　区块链用例评估框架

	多方数据共享	多方数据更新	需要验证数据的参与方	中间环节造成成本和复杂度提高	交互的时间敏感度高	交易之间的相互依赖度
分布式制造网络	x	x	x	x	x	x
增材制造	x	x	x	x		x
资产生命周期管理	x	x	x	x		x
供应链可见性	x	x	x	x		x

资料来源：Gunther Dütsch and Neon Steinecke, "*Use Cases for Blockchain Technology in Energy & Commodity Trading*", PwC, July, 2017.

如果数据机需要多方共享，而且信息视图需要一致（例如，在分布式制造网络中共享报价请求信息），那么这些用例基本上都适用于通过区块链来实施。

除数据共享外，很多其他的实施也要求网络参与方以协调的方式来更新数据（例如，更新分布式制造网络中的生产状态）。若参与方须相信所记录的动作有效（例如，生产状态由特定人员在给定的时间点更新），就有验证的必要。

适合采用区块链解决方案的另一个指标是中间环节的成本高，复杂度也高（例如，出现了大型采购公司来管理采购、合同和质量）。

🔗 当交互时间敏感度高时，区块链有望降低时延（例如，通过智能合约将标准化制造协议自动化，可以显著加快制造过程）。

🔗 最后一个标准是区块链所面向的那些交易之间的相互依赖度（例如，一旦前一个流程完成，便会自动触发后续的生产流程）。

Chapter 8

增材制造与区块链

为穆格公司（Moog， Inc.）建立高效的供应链

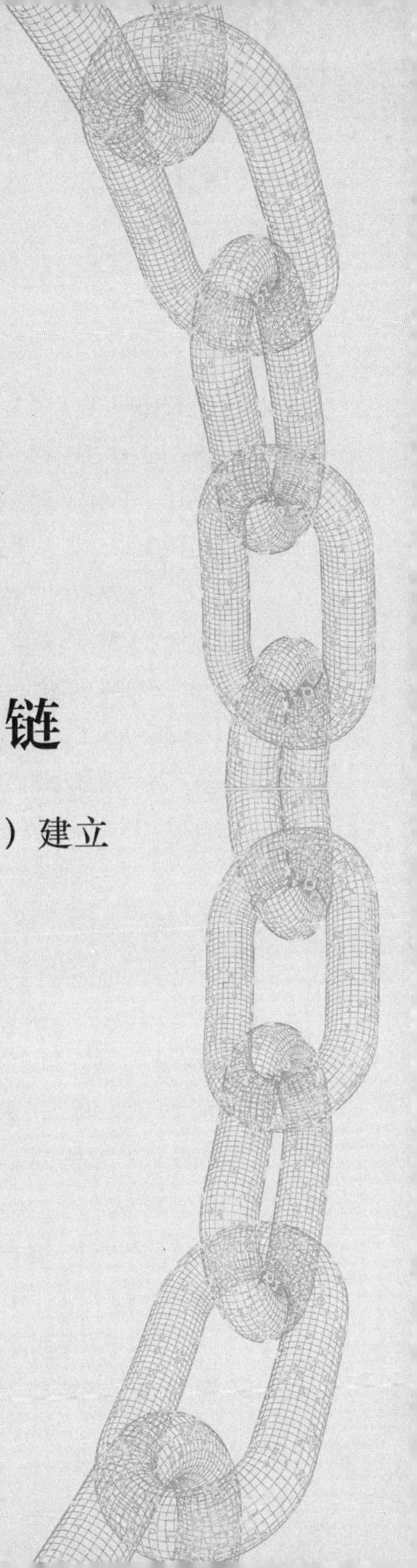

增材制造概要

穆格是一家总部位于纽约的飞机精密零件制造商，这是一个运营受严格监管的工业领域，它的客户包括美国国防部、空中客车公司、洛克希德·马丁公司和波音公司。鉴于穆格所处行业的属性，任何低效和在产品、零件或供应链环节的假冒品都可能延迟任务的完成，损害关键系统的完整性，并可能危及人的生命。

本章遵循概念验证项目开发的路径，将区块链技术和增材制造（又称 3D 打印）相结合，在整个穆格供应链内追踪源流，为客户提供更高的保障及效率，并从根本上改变其所在行业的经营运作模式。

光有增材制造的话，可能是无法解决供应链方面的所有挑战的。例如，即使穆格在两天内打印了一部分零件，模具开发、协议审核或合规批准方面的延迟也可能会阻碍其部署。辅助行业、监管机构和供应商必须协同工作，而将 3D 打印和区块链功能相结合的平台便有望解决这个问题。

为了解决供应商跨入高门槛行业后存在自满心态的问题，这个平台还可以成为市场和声誉管理系统。供应商的表现和用户体验可能会成为给供应商评级的考虑要素，这样的评级对穆格内部团队都是可见的，它也可以成为现有供应商管理系统记分卡的参考。

本章对客户、供应商和穆格团队如何有效衔接，如何发挥 3D 打印和区块链的优势来管理自身在分布式供应链内的交互的情况进行了研究。通过对某个产品进行全过程跟踪，向我们展示了这种技术组合可以如何改变全球供应链，并永远改变精密制造业的运营模式。

一、亟待解决的问题

由于复杂供应链跨越多个供应商层级，且面临无法确定产品的出处、假冒产品以及营业利润率下降（最低达到 0.07%）等问题，航空航天工程企业必须从制造战略向供应链战略转型。[169] 这样的转型可能需要以提高效率为目的，激发分布式网络的能量。在既有系统使用单一信源来操作的情况下，每个供应商都有自己的真实版本，任何零件设计的数据发生变更或者供应商未能进行信息更新，都可能使逃逸现象（NOEs）或不合规范的情况增加近 10%。

航空法规、联邦航空局的审核协议和美国国防部标准（例如 AS9100 电子历史记录）都要求对所有零件、图纸、照片的纸质记录进行留档，作为组织、职能、政策、决策、手续和流程授权的证据。由于全球供应链制造了数以百万计的零件，而飞机的平均使用寿命为 30 年，这样的记录维护过程只会增加操作的复杂性。[170]

在飞机超长的使用寿命内保持完整的供应链和备件供应是对制造商及其客户的主要挑战。这种挑战并非航空航天业所独有，也存在于受高度监管的医疗和工业领域，还面临着流程日益复杂、供应源流不确定以及数据冲突等问题。

二、案例介绍

穆格是50年前开始从事导弹部件和飞机的设计和供应业务的。[171] 从一级方程式赛车和商用飞机的飞行控制到发电涡轮，其运动控制技术为多个市场和应用领域提供了性能优化方案。这家公司总部位于纽约东奥罗拉，在全球拥有11 000多名员工，业务遍及28个国家，收入超过24亿美元。

穆格希望通过发挥自身核心竞争力和新技术的优势，让自己成为制造业4.0的一部分，成为公认的数字化制造和网络化数字供应链方面的领导者。增材制造为飞机制造业创造了独特的机遇；区块链架构可以促进供应链的经济、社会和环境模式的优化。

穆格公司变革性技术事业部总监吉姆·雷格诺尔（Jim Regenor）和首席技术官乔治·斯莫尔（George Small）是最早探索3D打印和区块链应用融合的，这种融合在业内尚属首次。[172] 穆格的团队认为，只专注于财务指标的高管没有抓住重点，因为通过采用新技术，公司可以获得指数级增长的一阶和二阶收益。然而，在为证明特定业务构想的试点项目准备案例时，雷格诺尔和斯莫尔认为他们无法告诉公司的管理层这样的技术可以在多大程度上提高穆格的利润，因为项目推出将是一个迭代的过程（推出、学习，然后调整），在证明自身构想的同时可以持续地调整项目的范围和规模。

不参与这一进步过程不是一种应有的选项。“你无法控制技术的进步，历史已经一次又一次地证明了这一点。”雷格诺尔说，“几年前，很难找到一份出版物告诉我们供应链如何从有关区块链应用中受益的任何细节，而现在这些信息无处不在。”他指的是研究人员和企业如何迅速发现了价值，以及它在行业方面的应用获得了怎样的动能。

（一）规划试点、验证概念

在概念验证项目开发时，穆格在最简化可行产品（MVP）时间轴的定义上是非常谨慎的。公司紧盯设计方案并不断调试模型所用技术，而不是启动试点，为此不惜承担大量风险，然后在实施中学习。因此，项目必须保持架构的动态性，以适应互操作性标准。

穆格目前正在其 VeriPart 区块链解决方案里试验可替代中间商的算法。雷格诺尔表示：“在操作中我们需要消除不会增加价值的中间人或依赖项。”[173]

穆格正在努力清除冗余流程和与之俱来的不透明性。由于有针对客户问题开发解决方案的自由，雷格诺尔和斯莫尔希望将辩论主题从每个季度的财务压力转移到关于创新的愿景上。

在一次会议上，穆格的首席执行官约翰·斯坎内尔（John Scannell）谈到了区块链是穆格未来的核心。穆格就是秉承企业家精神而创建的。雷格诺尔说："我们追根溯源，回到未来。"

（二）从试点到平台

以成为该领域领导者为目的，穆格想要创建一个区块链平台，在这个平台上消费者和生产者可以进行价值交换。与此相关的度量指标包括采用者的数量、与上下游客户的整合度、知识产权交易量以及单位时间设计图下载和打印数量。从这一阶段向前推，穆格尝试了从概念验证项目到通过增材制造实现最简化可行产品，最终发展为知识产权资产和价值的交易平台。最终，穆格将区块链赋能的平台视为未来的方向，这样的平台可以创建随时随地响应的网络化数字式供应链。随着平台将非增值步骤（例如，仓储、运输、库存和海关经纪费用）从供应链中挤出，穆格会实现价值。

建立信任将是至关重要的。创新者和开发人员都需知道，如果他们将设计和数据提供给他人使用，平台的加密安全措施可以防止盗版或篡改，并且通过智能合约，设计每一次被下载他们都可以近乎即时地获得付款。他们需要确保自己的知识产权受到保护，并且成为自己在供应链中所创造价值的受益者。

区块链架构为应对这些挑战提出了很有意义的解决方案。然而，由于该技术是新生事物，很少会有端到端的解决方案提供商。此外，整个供应链中ERP和技术系统存在不同层面，穆格的区块链平台与供应商的区块链平台之间要实现互操作是需要时间的。

三、案例分析

增材制造的热潮体现出业界对数字化力量的信念。为了将这些流程在行业层面上扩展，必须发生一系列复杂关联且由数据驱动的事件。部署3D打印机对实体（或硬件）的生产挑战较少，而对数据（或记录）管理的挑战更大。只有有足够的关联数据可用，才可以通过将零件运输范式切换为数据交换范式，助推增材制造在供应链中的应用。

通过利用传感器和连接性来提高运输在途的可见性，和向物联网靠拢，区块链有望成为组织内部和组织之间流动着的所有加密信息的数据层或交易层。有了增材制造，穆格预见到各种新的商业模式及产品如何或在何时何地制造的选项。企业需要确定哪个供应链资产网络以及哪种新旧流程的组合是最佳选择。航空航天等高价值高风险领域可能会更快地实现这一转变，而穆格将处于领先位置。

（一）发挥技术与创新的作用

让我们来看一下一次在穆格提议创建的新平台上发生的区块链交易吧。假设一家机身制造商有飞机零件或系统的定制需求，并且已经确定穆格可以通过 RFP（方案请求）流程满足这一需求。RFP 流程涉及内部广泛的“脱离区块链”跨团队协作。在这个概念验证项目中，假设制造商和穆格共享一个区块链平台或具有可互操作的系统以确保其信息和价值的交换。

1. 客户的部分

在开发阶段，客户与穆格合作，共同列出详细的要求：零件规格、质量标准、测试协议、审核要求、成本和交货时间。客户在系统中创建标准的商业合同（主服务级别协议），以管理客户与穆格之间的关系。根据标准协议，如果穆格的建议已被采纳，系统将随后创建一份智能合约。由于这是许可链账本，因此穆格的管理访问权限使它能够查询和更新账本，而供应商仅具有查询权限。客户触发的每笔交易都会生成一个私钥，该私钥由穆格进行核验或在区块链上通过认证。

在生产阶段，客户在许可链平台上触发智能合约。合约选择穆格为供应商，并为从穆格采购的多个零件生成多张采购订单。这些采购订单每个月包含数个发货批次[174]，详细说明了穆格必须制造的零件和组件。合同还包含有关资产的信息，例如知识产权、CAD数据和其他要求。任意智能合约里的资产均可包含有形资产（机器和硬件）和无形资产（商标或许可权）。

譬如，飞机飞控硬件设备的单个发货批次可能包含五十到上百个组件，每个组件由几十到几百个子部件或子组件构成。区块链将这些采购订单集合到一起，为它们盖上时间戳，以确认订单的接收时间。每触发一次交易，即创建一个区块链。而每处理一次交易，区块链便对区块作一次哈希处理。附加一个区块之前会作一次版本检查，以确保代码执行后各资产的状态没有发生变化。

2. 穆格的角色

穆格通过智能合约接收到内嵌的采购订单，再将其转移到既有ERP系统，以便在整个生产线对其进行内部跟踪。ERP生成订单，然后穆格评估哪些供应商可能最有能力交付所需零件。这些供应商均已获得认可并已成为合格供应商，这意味着它们已符合机身客户、国防部和联邦航空管理局等机构的要求。鉴于监管环境和人身安全风险，国防部和商业航空航天业界对供应商入选资格都有严格的要求。由于对安全性和质量的要求以及政府采购法规等因素，这两个行业的流动性都比较低。供应商是经过预先资格认证的，因此是平台上的受信方。在有多个对等方的情况下，供应商和穆格之间的交易将包含分类账本上每个背书对等方的签名。随着穆格内部的CAD数据和制造状况发生更新，智能合约会自动使用最新版本的数据进行自我更新。

3. 供应商的角色

一旦穆格将新的采购订单上传到平台，就会触发另一个智能合约，让供应商查看采购订单细节并确认是否接受。新的智能合约继承了前一次交易的哈希值并明确地给出了指令，涵盖有关零件规格、质量标准、测试协议和审核要求等信息。供应商无权编辑穆格生成的智能合约。它们具有只读查询权限：它们可以为厘清问题而触发问询，但不能对合约进行编辑。

数据的实时传输可以实现高效处理，这是纸质文档所无法企及的。由于这些记录标有时间戳，此后每次审核都可以将它们作为事实根据，并以此作为零件养护和报废的指标。区块链知道每个参与方的身份，因而对各参与方在各阶段该负什么责任都了如指掌。

（二）重塑供应链

供应链是经过优化的战略杠杆，可以挖掘更多的价值并降低成本。在元层次上，供应链优化对全球化和离岸制造贡献很大。通过准时生产系统（JIT）方法或者减少库存管理支出来优化供应链，其目的在于支出合理化，从而实现自身的市场领导地位，或者打败市场领导者。

借助区块链技术，供应链将竞争变为协作：大公司将提案请求放置在开放可信任的平台（即公共许可分布式账本）上，并邀请供应商竞标。

具有相关生产能力的供应商会被纳入一个联盟，即一个由具备先决条件的由参与方组成的价值链网络。除了可以根据客户在公共许可链上分享的要求完成生产的能力外，有关的先决条件还包括身份（名称、存续证明、税号）、治理状况（审计报告、人权保护情况、环境认证、联邦航空管理局所颁发的许可证）和各类法律框架。

通过联盟的即插即用模式，预先批准的全球增材制造供应商根据所在地理位置竞标订单。假设，美国企业主要求为巴西客户生产 3D 零件；一家在巴西的供应商赢得了订单，由它来提供零件。针对企业主拥有知识产权的设计发生的每次下载，该企业主均会收获专利费。该联盟不仅为每个参与方实现了知识产权保护，而且还在生产时间、运输和保险以及即时收入确认方面实现了高效率。平台的中立性建立了供应商的信任，鼓励他们参与到平台中。

据估计，全球供应链市场的市值约为 40 万亿美元，区块链有望重新定义支撑供应链决策的经济结构和价值流。

（三）重塑（或逆转）全球贸易

世界各地的政治家们正在辩论是否要设置贸易壁垒以遏制各产业技术性岗位的流失。[175] 也许他们应该探索如何利用3D打印技术重塑制造业，从而逆转经济全球化的趋势。

技术进步改变了生产中资本与劳动力成本的比率，因而公司可以负担得起在更接近消费者的地方生产产品。靠近客户，提高了订单履行速度，并减少了汇率波动和其他风险。增材制造还缩小了本地制造与廉价劳动力离岸外包之间的成本差异。如果本地打印项目与海外打印项目的制造成本相同，则本地打印项目将更便宜，因为在这种情况下，从打印机到终端客户或组装厂的运输成本较低。

拥有3D打印设备，加入联盟并支付许可费或会员费是参与我们称为“增材制造经济”（additive economy）的前提条件。我们预见新型创业模式将发挥引领作用，基于区块链的贸易融资会释放存货，将存货价值转化为资本融资，而进入行业的壁垒也会消失。

然而，我们必须记住，低端制造业从传统意义上来说是经济上升阶梯上的第一个梯级：发展中国家利用其新获得的工业专长转向更高附加值的制造业和服务业。去除第一梯级可能会阻碍刚刚开始攀升的新兴市场，如印度尼西亚、印度和越南。

四、有关增材制造的心得要点

区块链正处于起步阶段。 从既有 ERP 系统过渡到区块链系统，取决于平台展现其大规模解决复杂问题的能力，而目前的平台尚未做到这一点。区块链结构必须提供微粒度（micro granularity），以获取对供应链网络内各层次的每个参与者方的访问权，跟踪商品源流，针对成品从生产仓储到销售以及售后的方方面面维护不可变更的记录。

制造业需要明确性。 与信息技术行业不同，制造业需要了解与区块链平台选择相关的资本、运营和经常性支出。为了让该项技术成为主流，诸如银行、海关、运输、物流和保险等全球性辅助产业都必须与时俱进。

企业需要新式的产品战略。 要采用这项技术，企业在产品战略方面必须回答一个完全不同的问题：不是“我们如何销售”，而是“我们销售什么”。公司还必须设想自己在区块链扮演组织协调角色的增材制造时代，如何维护或优化其价值主张和客户满意度。

他们必须回答："如何让定制化为我们带来先发优势?"和"既然我们已经克服了限制和交货延迟，我们还可以在哪些方面作出改善?"

企业必须将概念验证项目与增长策略联系起来。 吉姆·雷格诺尔和乔治·斯莫尔在对其试点项目进行复盘时，强调需要将概念验证项目与业务的核心增长载体相联系。如果企业以季度视角运营，则应使用区块链来解决与核心业务主张相关的问题，譬如，如何做得更好，如何做得更精简，如何更少地消耗资源，或如何做得更便宜。雷格诺尔和斯莫尔还建议从小处做起，在企业内部引发共鸣，让利益攸关方接受，并且搞清楚如何创造未来的竞争优势。

区块链可实现在使用地就地制造。 基于增材制造的供应链赋予的数字自由度可能会打破异地生产模式，而形成接近使用地的生产模式。增材制造的数据传输以及在现场或就近打印零件的相对便利性有望减少人们对离岸制造的依赖。为了减少这种全球化逆向发展的不利影响，每个国家都应大规模改善基础设施和教育，培养科学人才，培育以技术为引领的文化，并迅速采取适当的经济和贸易政策。

Chapter 9

一带一路区块链联盟

为跨境贸易建立数字化信任

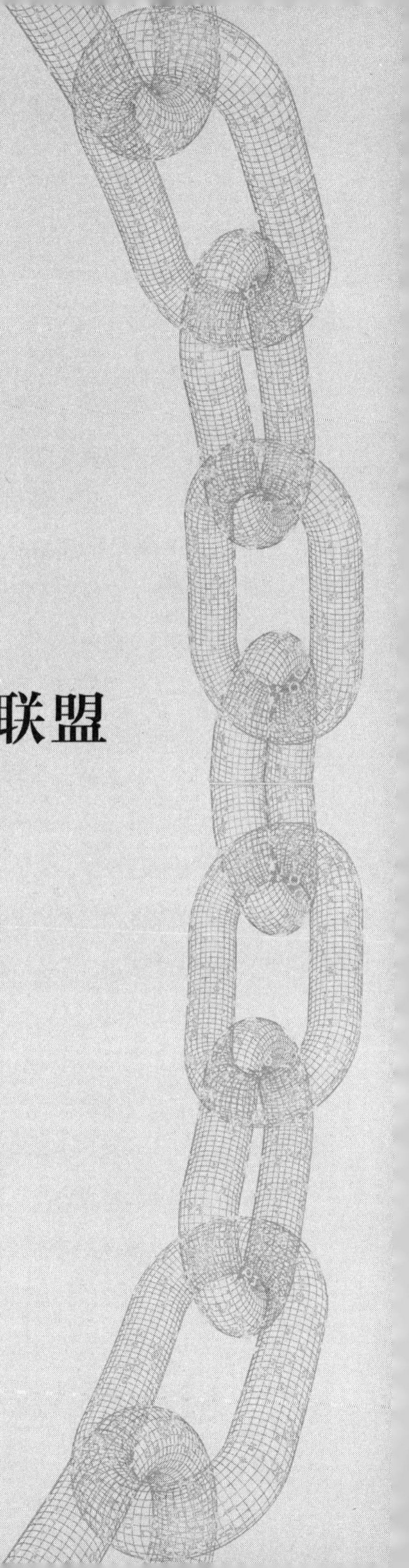

“一带一路”概要

“一带一路”倡议（the Belt and Road Initiative）是第二次世界大战以来最大的全球基础设施开发合作项目。它旨在最大限度地减少当前跨境贸易和全球供应链内的摩擦。

“一带一路区块链联盟”（BRBC， the Belt and Road Blockchain Consortium）正在建设数字基础设施，创建必要的法律、身份和治理协议层，为实现交易的高速化、安全性和透明性创造条件。

联盟采用的是一种众多利益攸关方参与的包容性模式。它有助于实现经济和外交方面的利益一致和激励措施的协同，有助于协调地方法规和规章制度，共享最佳实践案例和知识产权，并实现持续的治理。作为联盟发源地，中国香港地区地理位置优越，拥有现代化的市政系统、高技能的劳动力、强大的服务部门以及管理电子交易的法律，有利于商业和创新。

人员、设备和组织的可验证数字标识对于该计划至关重要。香港邮政（Hongkong Post）、香港投资推广署（InvestHK）和汇丰银行（HSBC）致力于研究技术和流程，以了解将在“一带一路”成员国内进行交易的每个客户、机器和企业。

利益攸关方会贡献各自的核心能力，其中包括数字认证、物流、贸易融资、供应链优化、标准制定、初创企业孵化、咨询和审计方面的专业知识。

利益攸关方还参与治理，以确保源流管控和金融符合伊斯兰教法，实现可持续发展的绿色金融，以及确保贸易仲裁框架执行，制定替代性争端解决程序和专利不侵犯条约。

一、“一带一路”简介

“一带一路”倡议旨在通过增进亚洲、非洲和欧洲（初始）65个国家之间的联系，来创建丝绸之路经济带（a Silk Road Economic Belt）和21世纪海上丝绸之路（the 21st Century Maritime Silk Road）。[176]

数字化平台的兴起，使消费者能够在世界任何地方进行交易。“一带一路”倡议是一个“大到不容忽视”的项目。如果它的参与方以变革性的方式实现数字化，那将有望重塑全球贸易。

不过，在建立高能高效的供应链方面，在实体和数字贸易基础设施领域还面临着根本性挑战。这些挑战包括但不限于验证交易各方的身份、推进安全和保障协议、加快海关清关，以及增强边境管制。数字化贸易的未来架构必须考虑到公共部门与私营部门之间在社会、经济和环境方面的利益协调。这是一项艰巨的任务，它将为子孙后代确定世界贸易的标准。

区块链是一种全球性对等网络，其协议可确保透明性、安全性和可靠性。当一方通过区块链将数字资产转让给另一方时，网络中的所有参与者都可以看到这一转让。同时，这个交易盖有时间戳并且是安全的，因此每个参与方都可以看到交易是何时完成的。全球性供应链可以探索利用区块链来提供商品和服务的源流管控。

在北美自由贸易协议（NAFTA）和跨太平洋伙伴关系协定（TPP）等国际协议的讨论中，有关贸易的未来的话题经常出现。这些协议旨在开放贸易，帮助大企业进入新市场，减少贸易壁垒，最终使小企业和客户受益。双边或多边贸易治理模型虽然很好，但在开发“一带一路”沿线贸易机会方面仍显不足。尽管各国政府围绕这些协议的经济因素创造了条件，但它们经常搁置诸如知识产权保护、环境标准，尤其是公平增长之类的问题。

一带一路区块链联盟试图在贸易要素中增加另一个维度，即数字身份，以便我们迈向以知识产权贸易、代办和保护为战略重点的未来。实现联盟的另一种愿景是使银行、海关和港务局、审计机构、邮政当局和公钥基础设施管理部门等利益攸关方不仅了解彼此的关切点，还要让它们通过区块链技术加强信任。现在的重点更侧重架构和治理，而不在于技术选择。

香港特别行政区在领导这一变革方面走在前列，因为它在地理位置以及法律和金融体系方面都享有优势。香港在 2000 年颁布的《电子交易条例》（*Electronic Transactions Ordinance*）中就已承认数字签名，可谓一带一路区块链联盟的前身了。[177] 随着所有利益攸关方的信任问题得到解决，消费者给平台投注信心，面对创造公平经济机会的需求，一带一路区块链联盟开始着手改变全球贸易。

（一）如何消除贸易摩擦

设想一下这样的市场，跨境买卖双方几乎可以立即免费找到彼此，并可以获取有关其卖方声誉的信息，而跨境贸易主要是数字化的，更加强调信任、即时结算和开放贸易。

为了实现这类无摩擦的贸易，各地的政策制定者和商业领袖都应将驾驭数字技术的力量作为头等大事来抓。在供给侧，通过与技术初创企业、大学和公司一道建立本地生态系统，培养具备编码和大数据管理的人才，可以在全球范围内催生新一代业务。再加上诸如 3D 打印、人工智能和机器人自动化等围绕制造领域的新技术，这方面的转变最终有望解开“距离即成本”的魔咒。

一带一路区块链联盟首席架构师黄品达（Pindar Wong）认为，基于推动模式的供应链（通常受基于需求聚合的季节性预测所驱动）以及世界贸易组织提供的现有贸易治理体系，可能无法应对制造业数字化设计日新月异的变化和交易流程的日益复杂的问题。为了应对这种复杂性，黄品达建议，我们需要转向基于拉动的需求链（即受基于商店级别每日消费的实时预测所驱动），并发展多利益攸关方共治的模式，就像互联网所采取的模式一样。

开创新市场的过程，与开发新产品或服务完全不同，它要求政府、行业和其他利益群体以不同的眼光看待未来，其影响可能是深远的。

（二）一带一路区块链联盟如何寻求解决方案

区块链如何解开“距离即成本”的魔咒？因为它支持实体（即人员、企业、政府以及实体和数字资产）的数字身份，并支持单一支付系统，对税务问题、数据隐私保护和集装式物流进行协调，因而大大降低了交易验证的成本。相反，信息流将支持（通过法律或其他方式进行）实时（而不是靠回顾）干预，这样便增进了信任。

这个怀有远大抱负的团队系统地解构规范，通过跨越常规竞争领域，跨越行业，跨越战略集团，跨越行业的功能情感定位，甚至跨越时代来建立法律、身份和治理协议层。

在“公共治理，私营业务”的宗旨的指引下，联盟的设计者们通过以下方式来开发一带一路区块链：

- “风险容器化”（containerizing risk）：参与各方以自维持代码和可预见性更高的环境来运营业务，从而实现风险最小化。
- “资本自动化”（automating capital）：即通过智能合约对资本进行编程，让代码管理资本的流动（例如在货物交付并核验后向供应商自动支付货款），从而减少人为干预和其他紧急事件。

面对如此复杂的工作，联盟需要对成就抱持理性的态度，以务求使每个参与方满意的步伐推进项目。

总目标是部署另一种可以在边际效率方面实现几何级数增长的基础架构。设计目标包括一种立足远大的新式资本会计模式，这种模式要拥有支持财务稳定、保证社会信任、保护自然资源，以及为各参与方赋予将数据变现的能力。

在运营过程中，一带一路区块链联盟将通过创建能经受时间考验的新型架构来挑战小批量制造的设想。借助遥感器将工厂排放数据与工厂身份相关联，为绿色金融开辟道路，即“为产生环境效益的投资提供融资，这是实现包容性、可恢复和可持续发展的广义战略的一部分”[178]。

根据非营利组织“废物与资源行动计划”的描述，这种架构还可以大幅加速具体节能措施的落实，创建循环经济，替代“传统线性经济（制造—使用—报废），尽可能长时间地使用资源，从中获取最大价值，然后在其使用寿命结束时对产品和材料进行回收和再生”[179]。

平台支持仲裁，支持知识产权保护和贸易，寻求合作，并超越地缘政治。将用于产品组装和服务的知识产权货币化的设计具有变革性的目标。

二、一带一路区块链联盟为应对全球重大挑战而采用的模式

（一）为什么要使用联盟模式

全球性联盟的运作类似合作社，其股份和利益安排均以实现互惠互利为目标。据德勤（Deloitte）介绍，全球已成立40多个探索金融服务、医疗保健和能源应用（此处仅举几个有趣的领域）的分布式账本技术和区块链的联盟。[180]

“一带一路”现在涵盖130多个经济体，从基础设施和全球供应链的角度来看，其覆盖面之广令其复杂度极高。[181] 一带一路区块链联盟的参与方代表了整个价值链中的战略合作伙伴，例如流动性提供商、战略咨询公司、监管机构、全球供应链专家等。这些具有不同商业动机的参与方一直在这样的前提下通力探索，即随着通过分布式账本技术建立效用证明来实现信任机制的情况越来越普遍，依赖机构提供信任的情况可能会逐渐减少。

联盟的参与方还必须认真地在监管合规方面作出表率，尤其是在知识产权保护方面。

联盟之所以有意义，是因为分布式账本技术的成功需要较高程度的市场存在、市场参与、协作和投资。

该联盟对技术解决方案或特定商业模式的关注较少。更多地关注怎样将过去无法互信的公司聚集在一起，进行协作和信息共享。将信任转移到共享账本技术解决方案，只需要在以下方面对参与方采取相应的激励措施：

- 机密性和透明性的结合（如共享账本平台的设计选择和操作规则中所述）。
- 功能与流程。
- 治理方法。
- 在监管与合规性方面拥有共同的看法。

借助区块链在各方之间建立信任的联盟是数字世界中的一种全新的模式。它允许参与者通过前所未有的方式进行协作和信息共享。

从以太坊和分布式自治社区（DACs）等选项到模块化的超级账本（如 Fabric）和诸如 R3 Corda、台湾的 Amis 金融科技平台，以及 Clearmatics 设施结算代币等私有链的混合体，我们对各领域内的联盟崛起的情况均有所了解。其中很多私有模式严重依赖于行业投入与行业参与。

如果机构使用公链模式，则无需付费即可加入。如果它们使用联盟链模式，则可能需要付费。例如，截至 2018 年 5 月，Linux 基金会的成员公司为持有金牌会员身份以参与该基金会的超级账本项目需额外支付 25 万美元。以一般身份参与超级账本项目，则需根据其规模按比例支付费用：员工少于 50 人的公司可支付 5 000 美元加入超级账本，另交 5 000 美元，可以加入 Linux 基金会。而拥有 5 000 多名员工的公司则需支付 5 万美元加入超级账本，另外支付 2 万美元加入 Linux 基金会。基金会可能会免除某些政府机构、非营利组织和开源企业的费用。各种状态和规模的公司均可以加入。

私链模式的参与方式更为昂贵也更为专有。顺便说一下，像 R3 这样的公司也是超级账本的参与者和贡献者，它是通过其主要项目之一 Fabric 参与的。

所有这些模式都趋向于代码开源，即允许开发人员在其平台上搭建系统并围绕某项技术形成社区。分布式应用联盟确实是一种新型的商业模式，以它为基础正在形成一些去中心化的公司，公司的网络参与方就是公司部分权益的所有者。集中式公司或将远去，而这些项目则会创建起自己的经济生态系统。其中很多项目都是通过 ICO（首次代币发行）来募集资金的，而那些通过参与投资而获得“应用代币”（app coins）的人既是网络的所有者，也是网络的用户。这些本质上是去中心化的软件协议，正在“颠覆颠覆者”。

组建联盟，不只是选择技术平台，还要对联盟的角色、治理框架和运营规则形成明确的认识。该框架应为有关各方所接受。

为了搭建联盟的治理结构，2017 年 9 月，一个由各方认可的创始成员小组成立了。小组成员负责规则的定义和实施、促进协作以及对自治工作组进行监督。议程还包括制定替代性争议解决程序的规章，制定专利非侵害公约，并对执行情况进行监督。

（二）是什么让香港特别行政区具有竞争优势

香港特别行政区地理位置优越，位于亚太地区的心脏地带，拥有完善的海陆空运输网络，从这里出发，5 个小时的飞行时间内便可以与世界一半的人口相联通。

1. 有利的营商环境

根据《2017 年营商环境报告》（*Doing Business 2017*），香港特别行政区的营商环境在 190 个国家和地区中排名第四位。[182] 根据《2017 年世界投资报告》（*2017 World Investment Report*）的数据，香港特别行政区是 2016 年全球第四大境外直接投资（FDI，foreign direct investment）接受地，仅次于美国、英国和中国内地。[183] 同时，香港特别行政区也是全球排名第 11 位的对外直接投资来源地，还是全世界二十大经济体中九大发展中经济体之一。

普华永道于 2016 年对 189 个经济体进行的纳税研究表明，香港是全球税收方面最友好的地区之一。[184] 多年来，它大幅增加了在信息技术服务方面为员工进行再培训的支出。它有政府主导的计划，例如香港科技园的孵化器，为研发公司提供有租金优惠的办公空间、咨询服务、投资匹配以及小型融资援助。设计孵化计划（DIP）为设计公司提供办公空间和其他专业支持，而数码港则为富有创意的数字媒体中小企业和初创公司实现其想法和搭建业务提供助力。

2. 强大的服务业

有限的土地和高额的房地产成本抑制了大型制造业经济的发展，而香港特别行政区专注于香港企业在中国内地生产货物的转口业务。服务业在香港地区一如既往地占主导地位，占其国内生产总值的近 93%。即便在 1997 年之前就已是香港地区最大的经济部门，贸易和运输领域的服务业仍然经历了漫长的成长过程。

在日益数字化的经济中，香港特别行政区在人力资源开发方面的大量投入可以使它的优势获得极大的发挥。香港全区有 30 多万家中小企业，占本地企业的 98%，它们雇用了将近 50% 的私营部门劳动力。

新技术创新为这些小型企业提供了机会，它们可以借此提高生产力，进行协作，并通过电子商务扩大其营商范围，其中一些企业因此有望成长为全球性企业。

3. 电子交易条例

为了支持实物贸易向数字化贸易转型，香港颁布了《电子交易条例》，为电子商务操作提供清晰的法律框架，并于 2004 年 6 月对其进行了更新。

- 确认电子记录和电子签名与纸面记录和签名具有同等法律效力。
- 为证书颁发机构确立了自愿认可计划，以增强公众对电子交易的信心。

核证机构（CAs）颁发的数字证书，即“包含身份凭证的可验证小型数据文件，旨在帮助网站、当事人和设备呈现其真实的在线身份”[185]。这些证书是用于验证参与电子交易的各方身份真实的一种电子记录形式。核证机构还为实现人员、机器和企业的数字化识别创建了各种流程。以商业模式运作的核证机构可以申请成为政府认可的核证机构。只有达到政府认可标准的核证机构和数字证书方可获得认证。

数字证书所支持的电子签名得到法律的认可，为建立和加强信任开辟了新途径。基于区块链平台身份认证的关键，是公钥和私钥的双要素识别协议。每项授权都等同于数字化准许，从司法角度看是具有法律效力的。这样还可以加快交易在价值链中流转的速度，同时减少对审核的过度依赖。

香港公钥基础设施论坛（Hong Kong Public Key Infrastructure Forum）副主席兼香港中华制造业协会智慧城市产业委员会（Smart City Industrial Committee, Chinese Manufacturers' Association of Hong Kong）主席陈爱华（Eva Chan）说："世界上任何带有标签、品牌或 IP 地址的产品都必须有经过法律仲裁的规则予以支持。我们需要定义节点之间的关系。并在这基础上讨论如何让核证机构具备规则执行的权力。"[186]

一带一路区块链联盟的黄品达表示，由于区块链本身可以为高效解决纠纷提供证据，将区块链钱包映射至企业的过程便具有法律确定性，香港特别行政区会将自己富有创业激情的生活方式和高效的经营模式向域外推广。[187]

有数字一带一路区块链的支持和《电子交易条例》的保障，联盟降低了解决"一带一路"沿线的跨境电子身份纠纷的成本，从而对贸易便利化和金融服务的跨国数字化进程起到了促进作用。

（三）为什么数字身份如此重要

信任与金钱，哪个处于优先位置？为促进 M2M（机器对机器）经济的发展而建立信任关系，需要去做哪些事情？在 M2M 经济时代，能否用一个方程式来描述未来的工厂？以下这个方程式可以用来支持企业实现对知识产权的保护、委托、跟踪、追溯和交易：

KYC（了解您的客户）+KYM（了解您的机器）= KYIP（了解您的知识产权）。

联盟还可以帮助这些组织降低运作流程的成本，不仅做到KYC，还做到KYM。汤森路透（Thomson Reuters）的数据显示，一家普通银行每年在KYC合规和客户尽职调查方面（CDD）的支出为4 000万英镑；一些银行的支出则高达3亿英镑。[188] 而一套联盟全体成员都认可的区块链数字身份结构，不仅可以扩展到个人，还可以扩展到企业（KYB）。

1. 香港邮政：解决身份问题

香港邮政在创建框架解决身份（KYC，KYB和KYM）问题方面发挥着重要作用。它在2000年建立了公钥基础设施，并开始充当香港首家公共核证机构，"向个人和企业颁发数字证书，即香港邮政电子证书（Hongkong Post e-Certs），以加强互联网用户的身份验证"。[189] 香港邮政的联系十分广泛：它是亚太邮政联盟（Asian-Pacific Postal Union）、亚太邮政合作社（Asia Pacific Post Cooperative）和万国邮政联盟（Universal Postal Union）的成员。[190] 作为主要的连接方，它可以帮助成员国政府根据国际标准建立自己的核证机构。该机构旨在围绕信息流、资金流和货物流来创造可见性，从而降低跨境贸易的风险。

香港邮政设有 125 个邮政营业厅。[191] 顾客想要申请数字身份时，可以前往七个指定邮政营业厅中的一个，在提交申领电子证书的纸质文件后，获颁核验并加密的电子证书，证书的形式可以是智能身份证、文件卡、文件 U 盘或证书和通证。核证机构的职能还包括生成双因素身份验证。丝绸之路经济带内的机构可以通过类似的流程，实现可依法实行的身份互认。对于来自中国内地的访港人士，核证机构可以将基于区块链的身份作为其身份验明的凭据。

像香港邮政这样的公共核证机构是已经与特别行政区政府建立了信任关系的。香港花了近二十年时间才建立起这种信任，我们并不一定要抛弃它。

2. 香港投资推广署：为落实治理协议筹款和宣传

一带一路区块链联盟将未来视为区块链的互联网。为什么伊朗或阿富汗会接受别国颁发的身份证明？为了运转这一区块链或这一系列区块链，我们需要共同的标准和治理协议。作为香港特别行政区政府管理境外直接投资的主管部门，香港投资推广署为推动这一项目的发展，扮演着倡导者和筹款者的角色。

正如香港投资推广署的金融技术负责人夏多希（Charles D'Haussy）所说："一带一路区块链联盟接下来要做的是路演——以建立起区块链协议。将资产设置为公共可用，方便大家参与。"[192]

3. 汇丰银行："了解您的客户"是降低风险的手段

参与国际贸易，银行必定会承担信用风险。共同建立信任的能力非常重要。这也有助于降低风险，因为每个人都可以信任相同的信息。借助贸易融资解决方案，世界各地的系统都有望成为信息交换的积极参与者。通过香港金融管理局和新加坡金融管理局，汇丰银行正在为全球贸易互联网络提供支持。先前，银行在全球贸易体系中起着固定身份的作用，未来它还将继续发挥这一作用。不过，建立交易对手身份认证的能力是如今的公开主张。

而由于不了解与之打交道的是谁，银行不得不把关系放弃掉。联盟的价值主张是，唯一要关注的问题是身份问题。联盟要发挥作用，起到支撑作用的行动就是全价值链协作。这样，价值就体现为整体而非孤立了。

（四）一带一路区块链联盟的治理架构如何

根据治理委员会确定的联盟协议操作规则，创始成员和参与成员以不同的利益比例或利益等级加入一带一路区块链联盟。这些规则确定了联盟决策的法则和框架，以及基于特定技术在共享账本上实行的决策的规则。

所有参与方都必须遵守联盟的操作规则。参与方同意将 BRBC

区块链作为解决身份纠纷和法律责任状态变更的证据。此外，根据联盟的标准，加入联盟的成本就是 KYC 的成本。

智能合约系统和规则引擎，可帮助在确保私链和公链模式下，实体合约与智能合约之间保持一致，因为代码是通用语言。在协议互联网中，当技术人员交付的机器对机器的协议处理的标准达到一定高度时，商业和国际合作将彻底发生改变。区块链是最可能催生那个新世界的平台。这个新世界就是随着区块链的成熟，由智能合约生态系统创造出来的。

联盟作为智能合约倡议的一部分，其创始人黄品达呼吁参加类似 ICANN（互联网名称与数字地址分配机构）的机构，以促进 130 多个“一带一路”经济体之间贸易的数字化。在每月的最后一个周四，该机构会在香港会晤一次。

“一带一路”沿线经济体中有三分之一的人口信奉伊斯兰教，因此，BRBC 希望为“一带一路”沿线的清真产品贸易提供符合伊斯兰教义的源流管控。例如，开放式的清真区块链将对准备清真食品的全过程中的每个点（从来源点到消费点）提供可靠且可验证的食品记录。这样的供应链也将需要符合伊斯兰教法的金融技术支持，尤其需要区块链特别实施伊斯兰式权益融资（穆达拉巴）、合股经营（穆沙拉卡）、应收账款融资（穆拉巴哈）、经营租赁（伊贾拉）、预付合约（伊斯蒂纳阿）和延期交货合约（萨拉姆）以及其他伊斯兰金融工具。[193]

此外，联盟还将为数字化绿色金融助力，支持“一带一路”倡议的绿化项目。中国人民银行研究局（People's Bank of China Research Bureau）首席经济学家马骏（Ma Jun）表示，在这个宏大计划中使用绿色融资“符合中国投资机构的长远利益，是实现可持续发展所亟须的”[194]。

联盟还将为“一带一路”贸易仲裁框架的制定提供支持。对于源自或终止于“一带一路”经济体之一的贸易，联盟在技术上是中立的，但它为电子身份纠纷解决程序制定了买方业务标准，并制定了智能合约的互操作性标准，从而提高了跨境贸易的信任度和透明度。

尽管共享分类账本可以通过协作和更有效的信息共享实现明显的效率优势并节省成本，但这并不意味着竞争和反信任的风险将消失。联盟在私有共享账本上进行的活动没有理由不受这些法律的约束。

（五）各利益攸关方能贡献何种核心竞争力

1. SCMO：代表贸易、供应链和物流界的观点

SCMO（供应链管理外包），全称 Supply Chain Management Outsource，是一家总部位于萨摩亚的物流咨询公司，它在 25 个国家和地区设有 40 个办事处，其中很多所在国和地区是“一带一路”的参与者。SCMO 是物流业最佳实践方面的顾问，它希望在基础架

构处于开发阶段时代表其利益攸关方参与进去。

SCMO 认为，“我们目前处于物联网时代，随后将是‘共享经济’时代，然后是人工智能时代。”[195] 一带一路区块链联盟之所以令人神往，是因为它正在重塑全球经济。政府可以考虑创建一个单一的交易窗口系统，但是作弊会是一个普遍的问题。BRBC 正在着手将区块链通过生态系统来部署，并开发概念平台借助可信赖的方式对该生态系统进行维护。

SCMO 总裁尼古拉·德·鲁瓦西（Nicolas De Loisy）表示：“区块链无法让世界经济实现数字化。但是，它将成为共享经济的关键部分。”[196] 目前，SCMO 正在评估物联网技术，以便将信息从物理世界转移到虚拟世界。其团队成员参加了由物链（Chain of Things）在 2017 年香港海事周（Hong Kong Maritime Week）组织的“航运和物流区块链”（Blockchain in Shipping and Logistics）活动。区块链的出现是为了确保设备的身份、数据的互操作性以及两者的安全性。

2. GS1：以自身专业知识定义行业标准

GS1（全球统一规范组织），全称 Global Specification 1，成立于 1973 年，是一家非营利性国际组织，其组织成员致力于在供应链全球标准方面进行协作管理。大多数人都知道条形码，即通用产品代码（UPC），即产品包装上印刷的宽度各异的平行线组成的可供机器读取的图案。

供应链参与方用它们来进行信息编码，例如产品编号、序列号和批次号。GS1 作为零售领域是数据的黄金标准，正在启动一个全球数据云，这个平台有望把它的全球电子参与方信息注册表、全球数据同步网络和本地办事处维护的目录数据结合到一起。

在中国，每天有 5 000 万条信息存储到本地。这个全球性倡议旨在开发一个将所有信息（每天产生的信息超过 1 亿条）整合在一起的数据云。当前，参与方无法认证这些信息。未来，每当终端用户想要更多信息，他们便可以通过条形码来访问并进行核验。“我们正在开发自己的标准库，如何创建标识符以支持在网上标示，而在大多数情况下仍支持离线标示。”GS1 香港办事处首席运营官林汉强博士说。[197]

GS1 希望成为国际贸易源流管控的推动者。一带一路区块链联盟决定与 GS1 开展务实合作，而不是制定竞争性的标准。BRBC 涉及 73 个国家，其中有 55 个国家设有 GS1 办事处。BRBC 希望使业务实体能够借助 GS1 标准进行贸易。借助 GS1 和 ISO（国际标准组织）的开放标准（如电子产品代码信息服务和核心业务词汇表），联盟成员可以将保存在分布式账本网络中的数据或由该网络引介的数据进行结构化处理，以便他们在供应链内部安全地共享信息，以及对零件和物品进行全程跟踪。

GS1 零售副总裁罗伯特·贝德曼（Robert Beideman）表示：

“区块链技术对众多组织具有吸引力是因为它可以在实现跨公司数据共享的同时保证系统的严密性和准确性。”[198]

参考、创建和使用各类区块链应用标准，对 BRBC 而言是颇为恰当的。所有交易数据都是经过安全保护和加密的，没有人可以将这些信息用于其他目的。

作为一种新的收入策略，参与方可以将自己的知识产权（如设计、可专利化或版权化的资料）散列到区块链上，然后将其立即变现或在以后通过颁发许可将其变现。他们不需要通过构建供应链或物流体系来实现知识产权的变现。通过这种策略，他们可以把精力倾注到发挥既有能力上。

供应链是不透明的。即便是在当前系统里，除非参与方获准将数据透明化，那么它仍需对数据做加密处理。这取决于什么信息该上区块链。公共链在这方面不可行。为了获得成功，需要诸多参与方一起共同制定协议。在电子商务方面，用户将可以订购定制的物品。具有定制功能的电子商务正在兴起。为了确保让消费者获得即时满足，生产者需要用它来让消费者知晓每个步骤的状况。

3. 数码港：以平台吸引玩家

数码港，全称香港数码港管理公司（Hong Kong Cyberport Management Company）。其创建的创新数字社区容纳了约 1 000

家数字技术公司。它关注的数字技术集群包括金融科技、电子商务、人工智能和物联网。它预见，区块链将发挥基础技术的作用，并将把它们融合到一起。开过最初的技术研讨会后，数码港的领导人一直致力于扩大团队规模。数码港有一个与初创企业共创的计划，目的是为区块链平台及其组成部分的构建孵育基础设施。数码港前首席执行官林向阳（Herman Lam）在谈及区块链与贸易的未来时表示："贸易可能很复杂，但是区块链的某些功能可以让它变简单。挑战在于吸引行业参与者，而不是代码。"[199]

4. 毕马威（KPMG）：为未来的审计和咨询做准备

毕马威和其他审计公司正在为建立自身区块链方面的能力而进行投入。从审计的角度来看，他们预见到对过往交易的可见性和数字审核路径提供保证功能将带来的价值。随着智能合约的出现，他们还构想新的审计团队将有法务代码的读写能力。这些能力还可以推动常规业务流。税务审计的重点可能会转向实时收入的确认方面。

三、有关大型项目管理的心得要点

确定最迫切的共同利益与共同目标。 对于联盟而言，利益的多样性可能是具有挑战性的。不过，来自公共领域和私营领域的参与方构建的健康的代表机制，对于行之有效地开发概念验证项目是至关重要的，考虑到全球供应链的情况，尤其如此。尽管适合各人的激励措施可能有所不同，但成员必须有共同的任务授权，而且就联盟的主要目标达成共识。

引入政府参与。 政府参与可以助力政策变革，并为经济合作创造环境。要使一带一路区块链联盟取得成功，政府的参与似乎必不可少，因为许多技术基础设施都需要得到政府的批准和治理。我们不能为了搭建开放式的贸易体系，而让网络安全遭受威胁。

创建代管结构。 治理结构仍然是联盟最重要的方面。BRBC的发展有赖于“一带一路”倡议所取得的进展。不过，在全球范围内，政府和企业在开发其数字贸易平台方面是可以向 BRBC 学习的。

为监控和评估开发培训项目。“一带一路”倡议是全球投资额最大的基础设施项目。中国应该不是唯一寻求创建全球联通的国家。对项目进行规模化实时监控和评估会是很复杂的任务。我们需要针对各种角色（例如审计、项目管理）开发一系列新的培训项目。

注意地缘政治联系。 地缘政治联系通常会推动全球贸易。国际信任破裂和网络安全威胁可能会影响来自130多个国家的参与方之间的信任。现任美国总统可能会对其前任所追求的贸易协议持有不同看法，英国脱欧公投对英国发展与欧盟及世界其他地区的贸易协定提出了挑战。

考虑政治方面的长期风险和影响。“一带一路”将在未来几年对产业政策和公共政策产生影响。130多个国家的政治状况为项目实施增加了另一层风险和复杂性。“一带一路”存在其固有的政治风险，而且这种风险很难预测，但从长远来看，经济方面的激励措施可能会战胜政治挑战。中国正在积蓄动能，这样的愿景有望在未来十年内成为多数国家贸易议程的首要议题。

缩略语

3D 打印机：通用增材制造设备

ACE：自动化营商环境

ADM：飞机报废管理

AI：人工智能

AIS：自动化信息服务

AML：反洗钱

AM：增材制造

AMS：飞机维保系统

AOC：航空运营中心

API：应用软件编程接口

API/PNR：旅客预录信息/旅客名单记录

APIS：旅客预录信息系统

B2B：公司对公司

B2C：公司对消费者

BRBC：一带一路区块链联盟

BRI：区块链研究学会

CA：核证机构

CAD：计算机辅助设计

CBP：美国海关和边境保护局

CBV：核心业务词汇表

CDC：疾病控制及预防中心

CDD：客户尽职调查

CPS：信息物理系统

C-TPAT：海关—贸易反恐合作伙伴计划

DAG：有向无环图

Dapp：去中心化应用软件

DARPA：美国国防部高级研究计划局

DAVN：去中心化自主价值网络

DHS：美国国土安全部

DLT：分布式账本技术

DOD：美国国防部

DPD：数字化产品定义

EHR：电子历史记录（航空）

E-ID：电子身份

EPCIS：电子产品编码信息服务

ERP：企业资源管理系统

ESB：企业服务总线

ETO：（香港）电子交易条例

FAST：商用车自由和安全贸易

FDI：源自境外的直接投资

GAO：美国政府问责局（审计总署）

GDPR：（欧洲）一般数据保护条例

GS1：全球统一规范（标准）

GTIN：全球贸易身份编号（标准）

GUID：全球唯一识别号码

HKMA：香港金融管理局

IaaS：基础设施即服务

ICO：首次代币发行（通证发行）

IDSA：工业数据空间协会

IIoT：工业物联网

IoT：物联网

IP：知识产权

ISCRM：国际供应链参考模型

IT：信息技术

JIT：准时生产系统

KP：金伯利流程（钻石）

KPI：关键绩效指标

KYB：了解您的公司

KYC：了解您的客户

KYIP：了解您的知识产权

KYM：了解您的机器

M2M：机器对机器

MES：制造执行系统

MOM：制造运营管理

MRO：维保和大修（航空）

MSLA：主服务层协议

MVE：最小化可行生态系统

MVP：最小化可行产品

NAFTA：北美自由贸易协议

NFL：国家橄榄球联盟（美式橄榄球）

NIST：美国国家标准与技术研究所

NOE：逃逸通知

OEM：原始设备制造商

OTIF：按时足额

OUOD：一上一下（食物供应链）

P&L：损益表

PCS：港口社区系统

PII：个人验证信息

PLM：产品生命周期管理

PO：采购订单

POC：概念验证（项目）

QR Code：二维码

RFID：射频识别

RFP：提案请求

RFQ：报价请求

ROA：资产回报率

ROI：投资回报率

SaaS：软件即服务

SAMPL：安全增材服务平台

SENTRI：旅客快速检查安全电子网络

sGTIN：国际贸易序列标识码（GTIN）

SME：中小企业

SWIFT：环球银行金融电信协会

TCP/IP：传输控制协议/互联网络协议

TMS：运输管理系统

TPP：跨太平伙伴关系

TQM：全面质量管理

UCP：跟单信用证统一惯例

UHD：超高清

UID：唯一性身份编号（美国国防部）

UN/CEFACT：联合国贸易便利化与电子商务中心

UPC：商品统一代码

VMI：供应商管理库存

WTO：世界贸易组织

XRF：X 射线荧光

zk - SNARK：简洁非交互式零知识证明

注　释

[1] Tom Serres and Bettina Warburg, "Introducing Asset Chains: The Cognitive, Friction-free, and Blockchain-enabled Future of Supply Chains," foreword by Don Tapscott, Blockchain Research Institute, 28 Nov. 2017. www.blockchainresearchinstitute.org/7914-2, accessed 20 Jan. 2020.

[2] "The Belt and Road Initiative: Country Profiles," *HKTDC*, Hong Kong Trade Development Council, as of 30 Oct. 2019. china-trade-research.hktdc.com/business-news/article/The-Belt-and-Road-Initiative/The-Belt-and-Road-Initiative-Country-Profiles/obor/en/1/1X000000/1X0A36I0.htm, accessed 30 Oct. 2019.

[3] "Trends in World Trade: Looking Back over the Past Ten Years," *World Trade Statistical Review 2017*, World Trade Organization (5 Oct. 2017): 11 - 12. www.wto.org/english/res_e/statis_e/wts2017_e/WTO_Chapter_02_e.pdf, accessed 24 March 2018.

[4] "Trends in World Trade: Looking Back Over the Past Ten Years."

[5] Kaustubh Das, "Hyperconvergence Should Bust IT Silos, Not Make New Ones," *Data Center Journal*, 11 Sept. 2017. www.datacenterjournal.com/hyperconvergence-bust-silos-not-make-new-ones, accessed 18 June 2018.

[6] Ken Corless et al., "Tech Trends 2018: The Symphonic Enterprise," ed. Bill Briggs, Deloitte, Deloitte Touche Tohmatsu Ltd., 2018, pp. 12 - 13. www2.deloitte.com/tr/en/pages/technology-media-and-

telecommunications/articles/tech-trends-2018. html, accessed 21 Feb. 2019.

[7] Krishna N. Das, Aditya Kalra, Devidutta Tripathy, and Tom Lasseter, "Eyes Wide Shut: the $1. 8 Billion Indian Bank Fraud That Went Unnoticed," *Reuters*, Thomson Reuters, 19 Feb. 2018. www. reuters. com/article/us-punjab-natlbank-fraud-insight/eyes-wide-shut-the-1-8-billion-indian-bank-fraud-that-went-unnoticed-idUSKCN1G20OZ, accessed 23 Feb. 2019.

[8] Simon Bowers, "Metals Trader Fraudster Given Extra Seven Years," *The Guardian*, Guardian News & Media Ltd., 24 Feb. 2012. www. theguardian. com/business/2012/feb/24/metals-trader-fraudster-extra-seven-years-prison, accessed 24 June 2018.

[9] Stefan Dab et al., "Embracing Digital in Trade Finance," Working Paper, Boston Consulting Group, Oct. 2015. www. swift. com/sites/default/files/resources/swift _ oursolutions _ paper _ embracingdigitalintradefinance. pdf, accessed 21 Feb. 2019.

[10] David Bischof and Doina Buruiana, eds., "Rethinking Trade & Finance: An ICC Private Sector Development Perspective," International Chamber of Commerce, 2016. cdn. iccwbo. org/content/uploads/sites/3/2016/10/ICCGlobal-Trade-and-Finance-Survey-2016. pdf, accessed 10 June 2018.

[11] Leslie Wayne, "Boeing Is Delaying Delivery of Its 787," *New York Times*, New York Times Company, 11 Oct. 2007. www. nytimes. com/2007/10/11/business/11boeing. html, accessed 21 Feb. 2019.

[12] "Cash Cows — How Blockchain Is Transforming Trade Finance," Press Release, Barclays, 1 Nov. 2016. www. home. barclays/news/2016/11/how-blockchain-is-transforming-trade-finance. html, accessed 21 Feb. 2019.

[13] Patrick Gillespie, "Chipotle Profits Tank after *E. coli* Scare," *CNN*, Turner Broadcasting System, 2 Feb. 2016. money. cnn. com/2016/02/

02/investing/chipotle-earnings-e-coli/index. html, accessed 21 Feb. 2019.

[14] Rolf Bax, "Maritime Transport Invoicing & Payment Processing Are Costing the Industry $ 34. 4bn Annually," *ControlPay*, 4 May 2018. www. controlpay. com/blog/current-freight-invoicing-and-payment-processing-arecosting-the-industry- $ 34. 4bn-annualy, accessed 21 Feb. 2019.

[15] Natalie Southwick, "Counterfeit Drugs Kills 1 Mn People Annually: Interpol," *In Sight Crime*, 24 Oct. 2013. www. insightcrime. org/news/brief/counterfeit-drugs-kill-1-million-annually-interpol, accessed 1 Nov. 2018.

[16] Burney Simpson, "Cargo Theft Rising in Canada," *Transport Topics*, 11 July 2018. www. ttnews. com/articles/cargo-theft-rising-canada, accessed 1 Nov. 2018.

[17] "The OLAF Report 2017," European Anti-Fraud Office, 2018. ec. europa. eu/antifraud/sites/antifraud/files/olaf _ report _ 2017 _ en. pdf, accessed 21 Feb. 2019.

[18] "Customs Fraud Results in SR437m Revenue Loss," *Saudi Gazette*, 3 July 2018. saudigazette. com. sa/article/538200/SAUDI-ARABIA/Customs-fraud-results-in-SR437m-revenue-loss, accessed 1 Nov. 2018.

[19] Rena S. Miller, Liana W. Rosen, and James K. Jackson, "Trade-Based Money Laundering: Overview and Policy Issues," Congressional Research Service, 22 June 2016. fas. org/sgp/crs/misc/R44541. pdf, accessed 12 June 2018.

[20] "Illicit Financial Flows to and from Developing Countries: 2005 – 2014," Global Financial Integrity, April 2017. www. gfintegrity. org/wp-content/uploads/2017/05/GFI-IFF-Report-2017 _ final. pdf, accessed 12 June 2018.

[21] "Deloitte, HKMA and Leading Trade Finance Banks in Hong Kong Have Developed a Distributed Ledger Technology Proof of Concept for Trade

Finance," News Release, Deloitte, Deloitte Touche Tohmatsu Ltd., 30 March 2017. www2. deloitte. com/cn/en/pages/about-deloitte/articles/pr-deloitte-hkma-dlt-proof-of-concept-for-tradefinance. html, accessed 24 June 2018.

[22] "Import and Export Trade Industry in Hong Kong," *HKTDC Research*, Hong Kong Trade Development Council, 16 July 2018. hong-kong-economy-research. hktdc. com/business-news/article/Hong-Kong-Industry-Profiles/Importand-Export-Trade-Industry-in-Hong-Kong/hkip/en/1/1X000000/1X006NJK. htm, accessed 24 June 2018.

[23] "Fintech Collaboration between the Hong Kong Monetary Authority and the Monetary Authority of Singapore," News Release, Hong Kong Monetary Authority, 25 Oct. 2017. www. hkma. gov. hk/eng/key-information/pressreleases/2017/20171025-4. shtml; "Fintech Co-operation Between the Hong Kong Monetary Authority and the Financial Services Regulatory Authority of Abu Dhabi Global Market," Press Release, Hong Kong Monetary Authority, 26 June 2018. www. hkma. gov. hk/eng/key-information/press-releases/2018/20180626-4. shtml, both accessed 30 June 2018.

[24] "we. trade Businesses," *we. trade*, we. trade Innovation DAC, as of 27 Feb. 2019. we-trade. com/businesses, accessed 27 Feb. 2019.

[25] Shannon Manders, "Banks unveil roadmap for we. trade blockchain platform."

[26] Shannon Manders, "Banks unveil roadmap for we. trade blockchain platform."

[27] Tom Allen, "Maersk Forced to Reinstall 45,000 PCs and 4,000 Servers Following NotPetya Attack," *The Inquirer*, Incisive Business Media (IP) Ltd., 26 Jan. 2018. www. theinquirer. net/inquirer/news/3025347/maersk-forced-toreinstall-45-000-pcs-and-4-000-servers-following-notpetya-attack, accessed 6 July 2018.

[28] Tom Allen, "Maersk Forced to Reinstall 45,000 PCs and 4,000 Servers

Following NotPetya Attack."

[29] "Maersk and IBM to Form Joint Venture."

[30] "Maersk and IBM to Form Joint Venture Applying Blockchain to Improve Global Trade and Digitize Supply Chains," News Release, IBM Corporation, 16 Jan. 2018. www-03. ibm. com/press/us/en/pressrelease/53602. wss, accessed 20 June 2018.

[31] To learn more about the concept of the *minimum viable economy*, see Corless et al., "Tech Trends 2018: The Symphonic Enterprise." www2. deloitte. com/tr/en/pages/technology-media-andtelecommunications/articles/tech-trends-2018. html, accessed 21 Feb. 2019.

[32] Lory Kehoe et al., "Six Control Principles for Financial Services Blockchains," Deloitte, Deloitte Touche Tohmatsu Ltd., Oct. 2017. www2. deloitte. com/content/dam/Deloitte/cn/Documents/financial-services/deloitte-cn-fs-sixprinciples-for-blockchains-report-en-171121. pdf, accessed 14 June 2018.

[33] "ISO 20022 - 1: 2013 Financial Services—Universal Financial Industry Message Scheme—Part 1: Metamodel," International Standards Organization, last reviewed 2017. www. iso. org/standard/55005. html; "Introducing UN/EDIFACT," United Nations Economic Commission for Europe, n. d. www. unece. org/cefact/edifact/welcome. html, both accessed 28 June 2018; and Lory Kehoe et al., "Six Control Principles for Financial Services Blockchains."

[34] Blockchain in Transport Alliance, n. d. bita. studio; Sovrin, Sovrin Foundation, n. d. sovrin. org, both accessed 21 Feb. 2019.

[35] Bisade Asolo, "Breaking Down the Blockchain Scalability Trilemma," *Bitcoinist. com*, 10 June 2018. bitcoinist. com/breaking-down-the-scalability-trilemma, accessed 22 June 2018.

[36] David D. Clark, "The Design Philosophy of the DARPA Internet Protocols," *Proc. SIGCOMM* 18, no. 4 (Aug. 1988): 106 - 114. *Computer Communication Review*, ccr. sigcomm. org/archive/1995/

jan95/ccr-9501-clark. pdf, accessed 16 July 2018.

[37] Thomas Hardjono, Alexander Lipton, and Alex Pentland, "Towards a Design Philosophy for Interoperable Blockchain Systems," MIT Connection Science, Massachusetts Institute of Technology, 16 May 2018. arxiv. org/pdf/1805. 05934. pdf, accessed 16 July 2018.

[38] John MacKenna, "Hyperledger's Brian Behlendorf and How Blockchains Will Change the Enterprise World," *Nasdaq*, Nasdaq. com, 10 Jan. 2018. www. nasdaq. com/article/hyperledgers-brian-behlendorf-and-howblockchains-will-change-the-enterprise-world-cm903367, accessed 21 Feb. 2019.

[39] Charles Duhigg and Keith Bradsher, "How the US Lost Out on iPhone Work," *New York Times*, New York Times Company, 22 Jan. 2012. www. nytimes. com/2012/01/22/business/apple-america-and-a-squeezed-middleclass. html, accessed 22 Sept. 2017.

[40] "Financials Information for Hon Hai Precision Industry Co. Ltd. ," *D & B Hoovers*, n. d. www. hoovers. com/companyinformation/cs/revenue-financial. HON _ HAI _ PRECISION _ INDUSTRY _ CO _ LTD. d987375fdd77c3f8. html, accessed 22 Sept. 2017.

[41] 李仁杰接受诺兰・鲍尔雷采访,2017 年 5 月 23 日。

[42] 李仁杰接受诺兰・鲍尔雷采访,2017 年 5 月 23 日。

[43] Michael del Castillo, "Foxconn Reveals Plan for Blockchain Supply Chain Domination," *CoinDesk*, Digital Currency Group, 13 March 2017. www. coindesk. com/foxconn-wants-take-global-supply-chain-blockchain, accessed 22 Sept. 2017.

[44] 李仁杰接受诺兰・鲍尔雷采访,2017 年 5 月 23 日。

[45] 李仁杰接受诺兰・鲍尔雷采访,2017 年 5 月 23 日。

[46] John Schmid, "Foxconn Founder Gou Maintains Low Profile Even as He Transforms the Tech World," *Milwaukee Journal Sentinel*, 26 July 2017. www. jsonline. com/story/money/2017/07/27/foxconn-founder-gou-maintains-low-profile-even-he-transformstech-world/514646001, accessed

26 Sept. 2017.

[47] 李仁杰接受诺兰・鲍尔雷采访,2017 年 5 月 23 日。

[48] 李仁杰接受诺兰・鲍尔雷采访,2017 年 5 月 23 日。

[49] James Manyika et al., "Unlocking the potential of the Internet of Things," McKinsey & Company, June 2015. www. mckinsey. com/business-functions/digital-mckinsey/our-insights/the-internet-of-things-the-value-ofdigitizing-the-physical-world, accessed Sept. 22, 2017.

[50] Liam Tung, "Raspberry Pi Compute Module 3 Launches at $30, Ready to Power Up in Other Products," *ZDnet. com*, CBS Interactive, 16 Jan. 2017. www. zdnet. com/article/raspberry-pi-compute-module-3-launches-at-30-ready-to-power-up-in-other-products, accessed 26 Sept. 2017.

[51] Takashi Mochizuki, "Taiwan's Foxconn Completes Acquisition of Sharp," *Wall Street Journal*, Dow Jones & Company, 13 Aug. 2016. www. wsj. com/articles/taiwans-foxconn-completes-deal-to-acquire-sharp-1470994207, accessed 22 Sept. 2017.

[52] 李仁杰接受诺兰・鲍尔雷采访,2017 年 5 月 23 日。

[53] Ann Cavoukian, "Privacy by Design: The Seven Foundational Principles," Information and Privacy Commissioner of Ontario, Aug. 2009, revised Jan. 2011. www. ipc. on. ca/wpcontent/uploads/resources/7foundationalprinciples. pdf, accessed 18 Sept. 2017.

[54] 例如,中非共和国是世界上最贫穷最脆弱的国家之一。然而,它的河流和土壤富含黄金和钻石。这些财富并没有推动发展,相反却被当权者和暴力反叛组织掠夺。尽管国际社会(包括金伯利流程组织)正在与中非共和国的政府和钻石企业合作以建立合法的供应链,但全球见证组织(Global Witness)的一项调查发现,在中非共和国经营的走私者和商人正在黑市里野蛮生长。几个贸易商向卧底记者坦诚地表示走私钻石并不难,有些贸易商甚至公开说自己与国际市场的经销商有合作。www. globalwitness. org/en/campaigns/central-african-republic-car/game-of-stones, 2017 年 11 月 23 日访问页面。

[55] William Yu, *De Beers—Rulers of the Diamond Industry: The Rise and*

Fall of a Monopoly (Berkeley, CA: Berkeley University, 2005). are. berkeley. edu/~sberto/DeBeersDiamondIndustry. pdf, accessed 29 Nov. 2017.

[56] Ian Smillie, "Conflict diamonds—unfinished business," International Development Research Centre, 22 July 2011. www. idrc. ca/en/article/conflict-diamonds-unfinished-business, accessed 15 Nov. 2017.

[57] 2000年1月21日,罗伯特·P. 卡普兰写给加拿大外交部长劳埃德·埃克斯华奇(Hon. Lloyd Axworthy)的信。

[58] About the Kimberley Process, n. d. www. kimberleyprocess. com/en/about, accessed 16 Nov. 2017.

[59] 欧盟28个成员国在欧盟委员会均有代表席位。有关金伯利流程的参与方完整名单,请参阅金伯利流程网站之《参与方》, www. kimberleyprocess. com/en/participants,2020年1月15日访问页面。

[60] "What is the KP," Kimberley Process, n. d. www. kimberleyprocess. com/en/what-kp, accessed 16 Nov. 2017.

[61] Diamond Development Initiative, www. ddiglobal. org/artisanal-mining/issues; Global Witness, www. globalwitness. org/en/campaigns/conflict-diamonds, both accessed 17 Nov. 2017.

[62] "Why we are leaving the Kimberley Process," Global Witness, 3 Dec. 2011. www. globalwitness. org/en/archive/why-we-are-leaving-kimberley-process-message-global-witness-foundingdirector-charmian-gooch, accessed 16 Nov. 2017.

[63] Jon Yoemans, "Blood Diamonds, Synthetics, and Ethical Supply: The Diamond Industry Fights Its Corner," *Daily Telegraph*, Telegraph Media Group, 18 Nov. 2016. www. telegraph. co. uk/business/2016/11/18/blood-diamondssynthetics-and-ethical-supply-the-diamond-industr, accessed 16 Nov. 2017.

[64] Leanne Kemp, "Blockchain Technology for the Diamond Industry," remarks at IBM InterConnect 2017, 21 March 2017. www. youtube. com/watch?v=-zYnYXpmtoc, accessed 22 Nov. 2017.

[65] "Enforcement," Kimberley Process, n. d. www. kimberleyprocess. com/en/enforcement, accessed 16 Nov. 2017.

[66] Arvind Krishna, "Keynote address," remarks at Consensus 2017: Making Blockchain Real, New York City, 22 May 2017.

[67] Arvind Krishna, "Keynote address," 22 May 2017.

[68] Dimitris Karapiperis, "Fraud Insurance," *CIPR Newsletter* 13, The Center for Insurance Policy and Research, Oct. 2014. www. naic. org/cipr_newsletter_archive/vol13_insurance_fraud. pdf, accessed 23 Nov. 2017.

[69] Dimitris Karapiperis, "Fraud Insurance," *CIPR Newsletter* 13, The Center for Insurance Policy and Research, Oct. 2014.

[70] 2013 年由费尔艾萨克公司(FICO)和美国非寿险协会(PCI)进行的联合调研。www. fico. com/en/node/8140?file = 5858, 2017 年 11 月 23 日访问页面。

[71] Leanne Kemp, "Blockchain Technology for the Diamond Industry," remarks at IBM InterConnect 2017, 21 March 2017. www. youtube. com/watch?v = -zYnYXpmtoc, accessed 22 Nov. 2017.

[72] "Maureen Downey and Everledger Join Forces to Combat Counterfeit Wine with the Introduction of the Chai Wine Vault," *Winefraud. com*, 18 Nov. 2016. www. winefraud. com/wp-content/uploads/Chai-Wine-Vault-Press-Release. pdf, accessed 29 Nov. 2017.

[73] 琳恩・坎普接受安东尼・威廉姆斯(Anthony Williams)采访,2017 年 11 月 30 日。

[74] UN FAO, "FAO Statistical Yearbook 2012: World Food and Agriculture," foreword by Pietro Gennari, *www. fao. org*, Food and Agricultural Organization of the United Nations, 17 April 2012, p. 11. issuu. com/faosyb/docs/fao_statistical_yearbook_2012_issuu; Carl Haub et al., "World Population Data Sheet 2011: The World at Seven Billion," Population Reference Bureau, July 2011. assets. prb. org/pdf11/2011populationdata-sheet_eng. pdf, both accessed 5 Dec. 2017.

[75] "Kenya's Farmers Demand Coffee Break," *Gro Intelligence Insights*, Gro Intelligence, 26 Feb. 2016. grointelligence. com/insights/kenyas-farmers-demand-coffee-break, accessed 29 Nov. 2017.

[76] "WHO Estimates of the Global Burden of Foodborne Diseases," World Health Organization, 12 March 2015. www. who. int/foodsafety/publications/foodborne_disease/fergreport/en, accessed 29 Nov. 2017.

[77] Nathaniel Popper and Steve Lohr, "Blockchain: A Better Way to Track Pork Chops, Bonds, Bad Peanut Butter?" *New York Times*, New York Times Company, 4 March 2017. www. nytimes. com/2017/03/04/business/dealbook/blockchain-ibm-bitcoin. html, accessed 29 Nov. 2017.

[78] Alicia Noel, "Blockchain is Now Being Used on the Food Supply Chain," *LinkedIn Pulse*, LinkedIn Corp., 27 June 2017. www. linkedin. com/pulse/blockchain-now-being-used-food-supply-chain-alicia-noel-凤兰-, accessed 29 Nov. 2017.

[79] Provenance, "Provenance: Every Product Has a Story," *Provenance. org*, n. d. www. provenance. org, accessed 29 Nov. 2017.

[80] Alicia Noel, "Blockchain is Now Being Used on the Food Supply Chain."

[81] Martin Gooch and Brian Sterling, "Traceability Is Free: Competitive Advantage of Food Traceability to Value Chain Management," VCM International, 12 Aug. 2013. vcm-international. com/wpcontent/uploads/2013/08/Traceability-Is-Free. pdf, accessed 29 Nov. 2017.

[82] Don Tapscott and Alex Tapscott, "Realizing the Potential of Blockchain: A Multistakeholder Approach to the Stewardship of Blockchain and Cryptocurrencies," World Economic Forum, June 2017. www3. weforum. org/docs/WEF_Realizing_Potential_Blockchain. pdf, accessed 29 Nov. 2017.

[83] Stan Higgins, "Nuco Builds Tokenized Blockchain "Bridge" for Enterprise Applications," *CoinDesk*, Digital Currency Group, 17 July

2017. www. coindesk. com/nuco-builds-tokenized-blockchain-bridge-enterpriseapplications, accessed 29 Nov. 2017.

[84] Henry M. Kim and Marek Laskowski, "Towards an Ontology-Driven Blockchain Design for Supply Chain Provenance," Workshop on Information Systems and Technology (WITS), Dublin, Ireland, 2016. yoda. lab. yorku. ca/files/2016/08/wits-2016-hk-ver2. 1. pdf; and Kim and Laskowski, "A Perspective on Blockchain Smart Contracts: Reducing Uncertainty and Complexity in Value Exchange," The Third IEEE Workshop on Workshop on Privacy, Security, Trust and Blockchain Technologies, Vancouver, BC, 31 July-3 Aug. 2017. doi: 10. 1109/ICCCN. 2017. 8038512, both accessed 29 Nov. 2017.

[85] 一家有一百多个国家参与的非营利性国际组织。

[86] Paul Stothard, Xiaoping Liao, Adriano S. Arantes, et al. , "A Large and Diverse Collection of Bovine Genome Sequences from the Canadian Cattle Genome Project," *Gigascience* 4(1): 49 (2015). doi: 10. 1186/s13742-015-0090-5, accessed 29 Nov. 2017.

[87] Ether, CoinMarketCap. com. coinmarketcap. com/currencies/ethereum/historicaldata/? start = 20130428&end = 20181026, accessed 26 Oct. 2018.

[88] Daily Fintech, "IOT Meets DLT and Blockchain meets M-Pesa in Africa," *Daily Fintech*, 24 March 2017. dailyfintech. com/2017/03/24/iot-meets-dlt-and-blockchain-meets-m-pesa-in-africa, accessed 29 Nov. 2017.

[89] IBM, "Hyperledger-open source blockchain for business-IBM Blockchain," *IBM Cognitive Advantage Reports*, IBM Corporation, 2017. www. ibm. com/blockchain/hyperledger. html, accessed 7 Aug. 2017. Frank Yiannas, interviewed by Reshma Kamath, 28 June 2017.

[90] 法兰克·伊安纳斯接受芮诗玛·卡玛斯的采访,2017 年 6 月 28 日。

[91] 布里吉德·麦克德莫特接受芮诗玛·卡玛斯的采访,2017 年 6 月 23 日。

[92] "Foodborne Illnesses and Germs," Centers for Disease Control and Prevention, June 2011. www. cdc. gov/foodsafety/foodborne-germs. html, accessed 29 June 2017.

[93] "Food Safety: Key Facts," World Health Organization, 31 Oct. 2017. www. who. int/mediacentre/factsheets/fs399/en, accessed 30 June 2017.

[94] Rudy Ruitenberg, "Horse-Meat Suspect Spanghero Denies Beef Scam Responsibility," *Bloomberg News*, Bloomberg LP, 15 Feb. 2013. www. bloomberg. com/news/2013-02-15/horse-meat-suspect-spanghero-deniesscam-admits-some-negligence. html, accessed 9 July 2017.

[95] "Fighting $40bn Food Fraud to Protect Food Supply," Pricewaterhouse Coopers and Safe and Secure Approaches in Field Environments, 14 Jan. 2016. press. pwc. com/News-releases/fighting-40bn-food-fraud-to-protect-foodsupply/s/44fd6210-10f7-46c7-8431-e55983286e22, accessed 30 June 2017.

[96] Keith Bradsher, "Chinese City Shuts Down 13 Walmarts," *New York Times*, New York Times Company, 11 Oct. 2011. www. nytimes. com/2011/10/11/business/global/wal-marts-in-china-city-closed-for-pork-mislabeling. html, accessed 8 Sept. 2017. Steve Clemons, "China's Latest Food Scandal: Fox-Tainted Donkey Meat," *The Atlantic*, Atlantic Monthly Group LLC, 2 Jan. 2014. www. theatlantic. com/international/archive/2014/01/chinas-latestfood-scandal-fox-tainted-donkey-meat/282776, accessed 30 June 2017.

[97] Gang Liu, "Food Losses and Food Waste in China: A First Estimate," Office of Economic Cooperation and Development, 15 June 2013. www. oecd. org/site/agrfcn/Food%20losses%20and%20waste%20in%20China_Gang%20Liu. pdf, accessed 30 June 2017.

[98] Gang Liu, "Food Losses and Food Waste in China: A First Estimate," Office of Economic Cooperation and Development, 15 June 2013. www. oecd. org/site/agrfcn/Food%20losses%20and%20waste%20in%20China_Gang%20Liu. pdf, accessed 30 June 2017.

[99] Center for Food Safety and Applied Nutrition, "FDA Investigates Multiple Salmonella Outbreak Strain Linked to Papayas," US Food and Drug Administration, 18 Aug. 2017. www. fda. gov/food/RecallsOutbreaksEmergencies/Outbreaks/ucm568097. htm, accessed 24 Aug. 2017.

[100] Teeka Tiwari, "Profit Alert: Walmart Is Adopting the Blockchain Right Now," Palm Beach Research Group, 6 Dec. 2016. palmbeachgroup. com/content/palm-beach-daily/profit-alert-walmart-is-adopting-the-blockchain-rightnow/32499, accessed 7 Aug. 2017; "Walmart, IBM Developing a Food Safety Solution," The Association for Convenience and Fuel Retailing, 28 Feb. 2017. www. nacsonline. com/Media/Daily/Pages/ND0228171. aspx #. WZNwQlGGPIV, accessed 7 Aug. 2017.

[101] 布里吉德·麦克德莫特接受芮诗玛·卡玛斯的采访,2017 年 6 月 23 日。

[102] 布里吉德·麦克德莫特接受芮诗玛·卡玛斯的采访,2017 年 6 月 23 日。

[103] Fred Gale, "China's Pork Imports Rise Along with Production Costs," *Economic Research Services*, US Department of Agriculture, Jan. 2017. www. ers. usda. gov/webdocs/publications/81948/ldpm-271-01. pdf?v=42745, accessed 30 June 2017.

[104] Fred Gale, "China's Pork Imports Rise Along with Production Costs," *Economic Research Services*, US Department of Agriculture, Jan. 2017. www. ers. usda. gov/webdocs/publications/81948/ldpm-271-01. pdf?v=42745, accessed 30 June 2017.

[105] Laurie Burkitt, "Walmart to triple Spending on Food Safety in China," *Wall Street Journal*, Dow Jones & Company, 17 June 2014. www. wsj. com/articles/Walmart-to-triple-spending-on-food-safety-in-china-1402991720, accessed 29 June 2017.

[106] Walmart, "Walmart Invites Global Collaboration on Food Safety in

China," Press Release, 19 Oct. 2016. www. wal-martchina. com/english/news/2016/20161130-4. htm, accessed 12 Sept. 2017.

[107] Ian Allison, "IBM Enlists Walmart, Nestlé, Unilever, Dole for Food Safety Blockchain," *International Business Times*, 24 Aug. 2017. www. ibtimes. com/ibm-enlists-walmart-nestle-unilever-dole-food-safety-blockchain-2582490, accessed 28 Aug. 2017.

[108] "Production and post-harvest best practices," *Mango. org*, National Mango Board, 2017. www. mango. org/postharvest-practices-research, accessed 8 Aug. 2017.

[109] Laurie Burkitt, "Walmart to Triple Spending on Food Safety in China," *Wall Street Journal*, Dow Jones & Company, 17 June 2014. www. wsj. com/articles/Walmart-to-triple-spending-on-food-safety-in-china-1402991720, accessed 29 June 2017.

[110] Sanne van der Wal, "Peruvian Mango Production: Not Enough Improvements," *Centre for Research on Multinational Corporations (SOMO)*, 30 July 2013. www. somo. nl/peruvian-mango-production-not-enoughimprovements, accessed 8 Aug. 2017.

[111] Robert Hackett, "Walmart Blockchain Drones Patent," *Fortune*, Fortune Media Group, 30 May 2017. fortune. com/2017/05/30/walmart-blockchain-drones-patent, accessed 7 Aug. 2017.

[112] "Maersk and IBM Unveil First Industry-Wide Cross-Border Supply Chain Solution on Blockchain," Press Release, IBM Corporation, 5 March 2017. www-03. ibm. com/press/us/en/pressrelease/51712. wss, accessed 16 Aug. 2017.

[113] Olga Kharif, "Walmart Tackles Food Safety with Trial of Blockchain," *Bloomberg News*, Bloomberg LP, 18 Nov. 2016. www. bloomberg. com/news/articles/2016-11-18/wal-mart-tackles-food-safety-with-test-of-blockchaintechnology, accessed 30 June 2017.

[114] Bridget van Kralingen, "Blockchain's Role in Improving Global Food Safety," *IBM THINK Blog*, IBM Corporation, 19 Oct. 2016. www.

ibm. com/blogs/think/2016/10/blockchain-food-safety, accessed 30 June 2017.

[115] Robert Hackett, "Walmart and Nine Food Giants Team Up on IBM Blockchain Plans," *Fortune*, Fortune Media Group, 22 Aug. 2017. Fortune. com/2017/08/22/walmart-blockchain-ibm-food-nestle-unilver-tyson-dole, accessed 24 Aug. 2017.

[116] IAEA Technical Food Programme, Agriculture and Food Security, *International Atomic Energy*. www. iaea. org/technicalcooperation/documents/Factsheets/Agri_Eng. pdf, accessed 19 Aug. 2017.

[117] 法兰克・扬纳斯发给芮诗玛・卡玛斯的电子邮件,2017 年 9 月 6 日。

[118] Crystall Lindell, " Walmart to Invest in $25M in Food Safety in China," *Food Engineering*, BNP Media, 20 Oct. 2016. www. foodengineeringmag. com/articles/96277-walmart-to-invest-25m-in-food-safety-in-china, accessed 25 Aug. 2017.

[119] US Customs and Border Protection, "Snapshot: A Summary of CBP Facts and Figures," 1 June 2017. www. cbp. gov/document/fact-sheets/cbp-snapshot-fy2016#, accessed 19 Nov. 2017; "Weight of Shipments by Transportation Mode: 2007, 2013, and 2040" (table) in "Freight Facts and Figures, 2015," p. 3. www. rita. dot. gov/bts/sites/rita. dot. gov. bts/files/FFF_complete. pdf, accessed 17 Oct. 2017.

[120] 23 000 这个数据不包含约 2 万名边境巡逻队成员。

[121] US Department of Justice, "Justice Department Recovers over $4. 7 Billion from False Claims Act Cases in Fiscal Year 2016," 14 Dec. 2016. www. justice. gov/opa/pr/justice-department-recovers-over-47-billion-false-claims-actcases-fiscal-year-2016, accessed 17 Oct. 2017.

[122] "CBP Facilitates Record Level of Travelers and Modernizes Trade Systems in FY2016," US Customs and Border Protection, 12 Jan. 2017. www. cbp. gov/newsroom/national-media-release/cbp-facilitates-record-level-travelersand-modernizes-trade-systems, accessed 19 Nov. 2017.

[123] These people and corporations did so by claiming that the merchandise was "in-bond" cargo to be transshipped to other countries, and instead importing the cargo into the United States; US Department of Justice, " $100 Million Customs Fraud Uncovered; President of the San Diego Customs Brokers Association and Ten Others Charged in Scheme," 25 July 2012. www. fda. gov/ForConsumers/ConsumerUpdates/ucm313527. htm, accessed 19 Nov. 2017.

[124] Billy Mitchell, " US Will Use Facial Recognition at Airports," *fedscoop*, Scoop News Group, 19 Jan. 2016. www. fedscoop. com/customs-pushing-facial-recognition-tech-nationwide, accessed 19 Nov. 2017.

[125] "Secure Freight Initiative," US Customs and Border Protection, 23 Sept. 2015. www. dhs. gov/secure-freightinitiative, accessed 19 Nov. 2017.

[126] "Container Security Initiative," US Customs and Border Protection, 26 June 2014. www. cbp. gov/bordersecurity/ports-entry/cargo-security/csi/csi-brief, accessed 19 Nov. 2017.

[127] The final rule for 10+2 went into effect in 2010. www. cbp. gov/sites/default/files/documents/import _ sf _ carry _ 3. pdf, accessed 15 Jan. 2020.

[128] "CBP Aims to Prevent High-Risk Travelers from Boarding US-Bound Flights, but Needs to Evaluate Program Performance," US Government Accountability Office, Jan. 2017, pp. 31－32. www. gao. gov/assets/690/682255. pdf, accessed 19 Nov. 2017.

[129] 使用开放共识模型的区块链(没有任何一方可以控制区块链的管理)会形成很难被破坏的交易账本。建立者可以将业务逻辑协议层放置在开放共识的区块链(例如比特币区块链或以太坊)上,以建立参与特定系列流程的权限,以及添加身份验证和信誉评分等功能。也可以在许可环境下建立区块链,由一个实体来托管平台并管理权限设置。在这类环境下,管理员和参与者可以更直接地设置参与权限和

交易规则,但是交易和验证方式类似,并且会生成类似的由许可环境下所有参与者共同维护的交易记录。

[130] 凯文·麦卡利南接受艾伦·科恩的采访,2017 年 8 月 21 日。

[131] Jim Manning, "Factom Receives Second DHS Grant for Blockchain IoT Project," *ETHNews*, 30 Jan. 2017. www. ethnews. com/factom-receives-second-dhs-grant-for-blockchain-iot-project, accessed 19 Nov. 2017. Department of Homeland Security, "DHS S&T Awards $199K to Austin Based Factom Inc. for Internet of Things Systems Security," 17 June 2016. www. dhs. gov/science-and-technology/news/2016/06/17/st-awards-199k-austinbased-factom-inc-iot-systems-security, accessed 19 Nov. 2017.

[132] Stan Higgins, "US Government Awards $2. 25 Million to Blockchain Research Projects," *CoinDesk*, Digital Currency Group, 12 May 2017. www. coindesk. com/us-government-awards-2-25-million-blockchain-researchprojects; Department of Homeland Security, "DHS S&T awards $9. 7M for 13 Phase II Small Business Innovation Research Projects," 2 May 2017. www. dhs. gov/science-and-technology/news/2017/05/02/press-release-dhs-stawards-97m-13-phase-ii-sbir-projects#, both accessed 19 Nov. 2017.

[133] Stan Higgins, " R3 Completes Blockchain Test with 11 Banks," *CoinDesk*, Digital Currency Group, 20 Jan. 2016. www. coindesk. com/r3cev-blockchain-test-11-banks; Stan Higgins, "8 R3 Banks Test Intel Blockchain Platform," *CoinDesk*, Digital Currency Group, 26 Sept. 2016. www. coindesk. com/8-r3-banks-test-intel-blockchain-platform; "Calypso and R3 Successfully Test FX Trade Matching on Corda DLT Platform," *CryptoNinjas*, 25 April 2017. www. cryptoninjas. net/2017/04/25/calypso-r3-successfully-test-fx-trade-matching-corda-dlt-platform, all accessed 19 Nov. 2017.

[134] 布伦达·B. 史密斯接受艾伦·科恩的采访,2017 年 8 月 21 日。

[135] Marley Gray, " Ethereum Blockchain as a Service now on Azure,"

Microsoft, 9 Nov. 2015. azure. microsoft. com/en-us/blog/ethereum-blockchain-as-a-service-now-on-azure, accessed 19 Nov. 2017; "Calypso and R3 successfully test FX trade matching on Corda DLT platform," *CryptoNinjas*, 25 April 2017. www. cryptoninjas. net/2017/04/25/calypso-r3-successfully-test-fx-trade-matching-corda-dlt-platform; Robert Hackett, "Walmart and IBM and Partnering to Put Chinese Pork on a Blockchain," *Fortune*, Fortune Media Group, 19 Oct. 2016. fortune. com/2016/10/19/walmart-ibm-blockchain-china-pork, both accessed 19 Nov. 2017.

[136] 阿尼尔·约翰接受艾伦·科恩的采访,2017 年 8 月 21 日。

[137] 布伦达·B. 史密斯接受艾伦·科恩的采访,2017 年 8 月 21 日。

[138] General Notice, " Air Cargo Advance Screening (ACAS) Pilot Program," *Federal Register* 77, 206 (Government Publishing Office, 24 Oct. 2012): 65006. www. gpo. gov/fdsys/pkg/FR-2012-10-24/pdf/2012-26031. pdf, accessed 19 Nov. 2017.

[139] General Notice, " Air Cargo Advance Screening (ACAS) Pilot Program."

[140] 布伦达·B. 史密斯接受艾伦·科恩的采访,2017 年 8 月 21 日。

[141] The World Bank, "Industry, value added (% of GDP)," *The World Bank Group*, n. d. data. worldbank. org/indicator/NV. IND. TOTL. ZS, accessed 13 Sept. 2017.

[142] Henning Kagermann, Wolfgang Wahlster, and Johannes Helbig, " Securing the Future of German Manufacturing Industry: Recommendations for Implementing the Strategic Initiative Industrie 4. 0," *Forschungsunion and Acatech*, April 2013. www. acatech. de/fileadmin/user_upload/Baumstruktur_nach_Website/Acatech/root/de/Material_fuer_Sonderseiten/Industrie_4. 0/Final_report__Industrie_4. 0_accessible. pdf, accessed 13 Sept. 2017.

[143] Thomas Fedkenhauer, Dr. Yvonne Fritzsche-Sterr, Lars Nagel, et al. , "Datenaustausch als wesentlicher Bestandteil der Digitalisierung, "*PwC*,

PricewaterhouseCoopers, 25 April 2017. www. pwc. de/de/digitaletransformation/studie-datenaustausch-digitalisierung. pdf, accessed 13 Sept. 2017.

[144] IDSA, "Innovative Ways for Adding Value," Industrial Data Space Association, as of 8 Oct. 2016. web. archive. org/web/20161008001338/http: //www. industrialdataspace. org: 80/en/industrial-data-space, accessed 15 Jan. 2020. Please see IDSA's current site here: www. internationaldataspaces. org.

[145] 严格来讲,区块链技术类似于以往的通用技术(例如电力),它可以助力人们开发顶层应用和标准,使之发展成类似互联网和电子邮件一样的实实在在的平台。

[146] SyncFab, "Decentralized Manufacturing," Version 15, 3 Aug. 2018. blockchain. syncfab. com/SyncFab_MFG_WP. pdf, accessed 15 Jan. 2020. Hermann Simon, *Hidden Champions: Lessons from 500 of the World's Best Unknown Companies* (Boston, MA: Harvard Business School Press, 1996).

[147] Tai Ming Cheung, Thomas Mahnken, Deborah Seligsohn et al., "Planning for Innovation: Understanding China's Plans for Technological, Energy, Industrial, and Defense Development," *Institute on Global Conflict and Cooperation*, 18 Sept. 2015. www. uscc. gov/sites/default/files/Research/Planning% 20for% 20Innovation-Understanding% 20China% 27s% 20Plans% 20for% 20Tech% 20Energy% 20Industrial% 20and% 20Defense% 20Development072816. pdf, accessed 23 Aug. 2017.

[148] "A Brief History of SyncFab," SyncFab, 10 Nov. 2017. medium. com/syncfabmfg/a-brief-history-of-syncfab-9c9a8cf64402, accessed 13 Dec. 2017.

[149] "Decentralized Manufacturing," Version 15, SyncFab, 3 Aug. 2018. blockchain. syncfab. com/SyncFab_MFG_WP. pdf, accessed 15 Jan. 2020.

[150] Duck Bong Kim, Paul Witherell, Yan Lu, and Shaw Feng, "Toward a Digital Thread and Data Package for Metals- Additive Manufacturing," ResearchGate, March 2017. www. researchgate. net/publication/314246208_Toward_a_Digital_Thread_and_Data_Package_for_Metals-Additive_Manufacturing#pf17, accessed 23 Aug. 2017.

[151] Mark Cotteleer, Stuart Trouton, and Ed Dobner, "3D Opportunity for Blockchain," Deloitte University Press, 17 Nov. 2016. dupress. deloitte. com/dup-us-en/focus/3d-opportunity/3d-printing-blockchain-in-manufacturing. html, accessed 23 Aug. 2017.

[152] Cubichain 是由 3D 系统、波音、CalRAM 和诺斯罗普・格鲁曼公司联合组建的;而 Genesis of Things 则由 EOS、因诺基(Innogy)、高知特、大链数据库(BigchainDB)、利多叩(Riddle&Code)、三思(3yourmind)、3D 创客区、德国商业银行和英特尔共同组建。

[153] Burkhard Blechschmidt and Carsten Stöcker, "How Blockchain Can Slash the Manufacturing 'Trust Tax,'" White Paper, Genesis of Things, 2016. www. genesisofthings. com/pdf/whitepaper. pdf, accessed 23 Aug. 2017.

[154] Jess Holl, "Blockchain: The Trust Protocol," News Release, Airbus SAS, 27 March 2017. www. airbus. com/newsroom/news/en/2017/03/Blockchain. html, accessed 23 Aug. 2017.

[155] AEROTEC, EOS, and Daimler, "Industrial 3D Printing: The New Era Has Begun," Press Release, EOS, 19 April 2017. www. eos. info/eos_binaries0/eos/442ea5fb8cf30609/184aa887b21d/EOS _ Press _ Release _ 2017_04_19_NextGenAM. pdf, accessed 23 Aug. 2017.

[156] Stefanie Kowallick, "How blockchain can help to prevent odometer fraud," *Bosch Connected World Blog*, 5 Dec. 2017. blog. bosch-si. com/blockchain/how-blockchain-can-help-to-prevent-odometer-fraud, accessed 13 Dec. 2017.

[157] Stan Higgins, "GE Patent Filings Hint at Blockchain Role in Aircraft Management," *CoinDesk*, Digital Currency Group, 9 Nov. 2017.

www. coindesk. com/ge-patent-filings-hint-at-blockchain-role-in-aircraft-management, accessed 13 Dec. 2017.

[158] Carly Sheridan, "Digitizing Vehicles: The First Blockchain-Backed Car Passport," *Bigchain DB Blog*, 24 March 2017. blog. bigchaindb. com/digitizing-vehicles-the-first-blockchain-backed-car-passport-b55ead6dbc71; Woodrow Bellamy III, "Air France KLM is Evaluating MRO Potential for Blockchain," *Aviation Today*, 3 Oct. 2017. www. aviationtoday. com/2017/10/03/air-france-klm-evaluating-mro-potential-blockchain; and Patrick Götze, "Generating More Transparency in Aviation with Blockchain Technology," Lufthansa Industry Solutions, n. d. www. lufthansa-industry-solutions. com/de-en/solutions-products/aviation/generating-more-transparency-inaviation-with-blockchain-technology, all accessed 13 Dec. 2017.

[159] Jeremy Coward, "Planes are Getting Smarter as Aviation IoT Takes Off, Says Boeing," Internet of Things Institute, 27 Feb. 2017. www. ioti. com/industrial-iot/planes-are-getting-smarter-aviation-iot-takes-says-boeing, accessed 13 Dec. 2017.

[160] George A. Akerlof, "The Market for 'Lemons': Quality Uncertainty and the Market Mechanism," *Quarterly Journal of Economics* 84, 3 (1970): 488 - 500.

[161] Doug Gates, Tom Mayor, and Erich L. Gampenrieder, "Global Manufacturing Outlook," KPMG, May 2016. home. kpmg. com/content/dam/kpmg/pdf/2016/05/global-manufacturing-outlook-competing-for-growth. pdf, accessed 13 Dec. 2017.

[162] Pete Rizzo, "World's Largest Mining Company to Use Blockchain for Supply Chain," *CoinDesk*, Digital Currency Group, 23 Sept. 2016. www. coindesk. com/bhp-billiton-blockchain-mining-company-supply-chain, accessed 13 Dec. 2017.

[163] Michael del Castillo, "Foxconn Reveals Plan for Blockchain Supply Chain Domination" *CoinDesk*, Digital Currency Group, 13 March

2017. www. coindesk. com/foxconn-wants-take-global-supply-chain-blockchain; Mahindra, "Mahindra and IBM to Develop Blockchain Solution for Supply Chain Finance," Press Release, Mahindra & Mahindra Ltd., 30 Nov 2016. www. mahindra. com/news-room/press-release/Mahindra-and-IBM-to-Develop-Blockchain-Solution-for-Supply-Chain-Finance; and Tatsiana Yablonskaya, "IBM and Sichuan Hejia Launched a Blockchain Platform for Pharmaceutical Procurement," *Coinspeaker*, 11 April 2017. www. coinspeaker. com/2017/04/11/ibm-sichuan-hejia-launched-blockchain-platform-pharmaceuticalprocurement, all accessed 13 Dec. 2017.

[164] Angel Versetti, "Blockchain for Pharma — Ambrosus," *Ambrosus Blog*, 2 Sept. 2017. blog. ambrosus. com/blockchain-for-pharma-ambrosus-ec732e61f732, accessed 13 Dec. 2017.

[165] Ian Allison, "Blockchain IoT firm Chronicled creates MediLedger Project to Safeguard Pharmaceuticals," *International Business Times*, 20 Sept. 2017. www. ibtimes. co. uk/blockchain-iot-firm-chronicled-createsmediledger-project-safeguard-pharmaceuticals-1640054, accessed 13 Dec. 2017.

[166] Christoph Malmo, "Bitcoin's Surge in Price Has Sent Its Electricity Consumption Soaring," *Motherboard*, Vice Media LLC, 1 Nov. 2017. motherboard. vice. com/en _ us/article/ywbbpm/bitcoin-mining-electricity-consumptionethereum-energy-climate-change, accessed 13 Dec. 2017.

[167] Pete Rizzo, "In Formal Verification Push, Ethereum Seeks Smart Contract Certainty," *CoinDesk*, Digital Currency Group, 28. Sept. 2016. www. coindesk. com/ethereum-formal-verification-smart-contracts, accessed 13 Dec. 2017.

[168] Ian Roderick Macneil, "The Many Futures of Contracts," *Southern California Law Review* 47 (1974): 691 – 816.

[169] Abby Mayer, "Supply chain metrics that matter: A focus on aerospace

and defense industry," Supply Chain Insights LLC, 18 March 2014. Supplychaininsights. com/supply-chain-metrics-that-matter-a-focus-on-aerospacedefense, accessed 24 Aug. 2017.
[170] "2016 Index of US Military Strength," The Heritage Foundation, n. d. index. heritage. org/military/2015/chapter/us-power/us-air-force, accessed 24 Aug. 2017.
[171] Moog, "About Us," n. d. www. moog. com/about-us. html, accessed 24 Aug. 2017.
[172] 乔治·斯莫尔发给维尼特·纳如拉和普雷玛·施里柯诗纳的电子邮件信息,2017 年 5 月 10 日。
[173] 吉姆·雷格诺尔接受维尼特·纳如拉和普雷玛·施里柯诗纳的采访,2017 年 4 月 18 日。
[174] 批次(shipset)是指多于安全数量的一批零件。
[175] Jeffrey Frankel, "The Brexiting British, Donald Trump and Globalisation's Have-Nots," *The Guardian*, Guardian News & Media Ltd., 17 July 2016. www. theguardian. com/business/2016/jul/17/donald-trump-eu-referendumbrexit-globalisation, accessed 24 Aug. 2017.
[176] "Belt and Road Portal," *eng. yidaiyilu. gov. cn*, n. d. eng. yidaiyilu. gov. cn/info/iList. jsp?cat_id=10076, accessed 1 May 2018.
[177] "Cap. 553 Electronic Transactions Ordinance," Hong Kong e-Legislation, Hong Kong Department of Justice, last modified 7 July 2017. www. elegislation. gov. hk/hk/cap553, accessed 29 April 2018.
[178] Nick Robins, "2017: What Next for Green Finance?" *The Huffington Post*, Oath Inc., 16 Jan. 2017, updated 17 Jan. 2018. www. huffingtonpost. com/nick-robins/2017-what-next-for-green_b_14203706. html, accessed 3 May 2018.
[179] "WRAP and the Circular Economy," *WRAP UK*, Waste and Resources Action Programme, 24 Jan. 2013. www. wrap. org. uk/about-us/about/wrap-and-circular-economy, accessed 3 May 2018.

[180] Peter Gratzke, David Schatsky, and Eric Piscini, "Banding Together for Blockchain: Does It Make Sense for Your Company to Join a Consortium?" *Deloitte Insights*, Deloitte LLP, 16 Aug. 2017. www2. deloitte. com/insights/us/en/focus/signals-for-strategists/emergence-of-blockchain-consortia. html, accessed 1 May 2018.

[181] VeChain, "VeChain is Co-Founder of the Belt and Road Initiative Blockchain Alliance," *Cision PR Newswire*, PR Newswire Association LLC, 30 Dec. 2019. www. prnewswire. com/news-releases/vechain-is-co-founder-of-the-beltand-road-initiative-blockchain-alliance-briba-300979679. htm.

[182] "Economy Rankings," *Doing Business*, World Bank, June 2017. www. doingbusiness. org/rankings, accessed 1 May 2018.

[183] United Nations Conference on Trade and Development, "World Investment Report 2017," United Nations, 2017. unctad. org/en/PublicationsLibrary/wir2017_en. pdf, accessed 1 May 2018.

[184] Pricewaterhouse Coopers, "Paying Taxes 2016," 10th ed. , World Bank Group, 2016. www. pwc. com/gx/en/paying-taxes-2016/paying-taxes-2016. pdf, accessed 1 May 2018.

[185] "Certificate Authorities and Trust Hierarchies," *Global Sign SSL Information Center*, GMO Internet Group. www. globalsign. com/en/ssl-information-center/what-are-certification-authorities-trust-hierarchies, accessed 3 May 2018.

[186] 陈爱华接受维尼特·纳如拉和普雷玛·施里柯诗纳的面对面采访,2017 年 9 月 11 日。

[187] 黄品达接受维尼特·纳如拉和普雷玛·施里柯诗纳的采访,2018 年 4 月 22 日。

[188] Christiana Imafidon, "The Spiraling Costs of KYC for Banks and How FinTech Can Help," *ITProPortal*, Future plc, 6 June 2016. www. itproportal. com/2016/06/06/the-spiralling-costs-of-kyc-for-banks-and-how-fintech-can-help, accessed 1 May 2018.

[189] "Hong Kong Fact Sheet," The Postmaster General's Statement, Hongkong Post, Government of Hong Kong, Dec. 2016. www. hongkongpost. hk/en/about _ us/corp _ info/publications/fact _ sheet/index. html, accessed 11 May 2018.

[190] Infoteam SA, "UPU Member Countries," Universal Postal Union, United Nations Specialized Agency, n. d. www. upu. int/en/the-upu/member-countries. html; "History," Asia Pacific Post Cooperative, Asia Pacific Postal Union, n. d. www. app. coop/about-us/history; and "Express Delivery Management Programme for China Express Association," *APPU Newsletter*, Asian-Pacific Postal Union, June 2016. appu-bureau. org/wpcontent/uploads/2016/07/June-20163. pdf, all accessed 11 May 2018.

[191] "Hong Kong Fact Sheet," The Postmaster General's Statement, Hongkong Post, Government of Hong Kong, Dec. 2016. www. hongkongpost. hk/en/about _ us/corp _ info/publications/fact _ sheet/index. html, accessed 11 May 2018.

[192] 夏多希接受维尼特·纳如拉和普雷玛·施里柯诗纳的面对面采访，2017 年 9 月 5 日。

[193] 根据英国《金融时报》的解释，穆达拉巴(mudaraba)是资本提供者和资本需求方之间的信托融资合约。穆沙拉卡(musharaka)是参与工具，其中两个或两个以上的参与方(例如一家伊斯兰银行及其客户)同意向一家合资企业注资并分享共担损益。穆拉巴哈(murabaha)是一种销售合同，银行借助它代表客户购买资产(通常是昂贵的资产)，并以加价和接收分期付款的方式将其转让给客户。伊贾拉(ijara)是出租人与承租人之间在特定时期内使用资产的一种租赁合约。

[194] Liu Qin, "China Needs to Pave 'One Belt One Road' with Green Finance, Say Experts," *China Dialogue. net*, 7 Jan. 2016. www. chinadialogue. net/article/show/single/en/8532-China-needs-to-pave-One-Belt-One-Road-with-greenfinance-say-experts-, accessed 3 May 2018.

[195] "Blockchain in Logistics," Supply Chain Management Outsource, n. d. www. scmo. net/blockchain/?rq=IoT, accessed 28 April 2018.

[196] 尼古拉·德·鲁瓦西接受维尼特·纳如拉和普雷玛·施里柯诗纳的当面采访,2017 年 9 月 6 日。

[197] 林汉强接受维尼特·纳如拉和普雷玛·施里柯诗纳的当面采访,2017 年 9 月 7 日。

[198] "GS1, IBM, and Microsoft Announce Collaboration to Leverage GS1 Standards in Enterprise Blockchain Applications," Press Release, GSI, 13 Sept. 2017. www. gs1. org/docs/news/GS1-Open-Standards-Promote-Interoperability-Blockchain-Applications. pdf, accessed 28 April 2018.

[199] 林向阳接受维尼特·纳如拉和普雷玛·施里柯诗纳的当面采访,2017 年 9 月 6 日。

致　谢

我们感谢区块链研究学会的成员一直以来的参与：埃森哲（Accenture）、怡安（Aon）、加拿大银行（Bank of Canada）、加拿大贝尔（Bell Canada）、BioLife、BPC 银行技术处（BPC Banking Technologies）、Brightline（一个有关项目管理协会的倡议）、凯捷（Capgemini）、加拿大卫生信息网（Canada Health Infoway）、加拿大帝国商业银行（Canadian Imperial Bank of Commerce）、森特里克（Centrica）、Cimcorp、思科系统公司（Cisco Systems Inc.）、多伦多市（City of Toronto）、可口可乐公司（the Coca-Cola Company）、德勤（Deloitte）、达美航空公司（Delta Air Lines Inc.）、美国证券存托与清算公司（Depository Trust & Clearing Corporation）、埃克森美孚全球服务公司（ExxonMobil Global Service Company）、联邦快递企业服务（FedEx Corporate Services）、富士通（Fujitsu）、安大略省政府（Government of Ontario）、英国睿阁律师事务所（Gowling WLG）、火币（Huobi）网、IBM、印度工业信贷投资银行（ICICI Bank）、欧洲工商管理学院（INSEAD）、治理研究所（Institute on Governance）、Interac（移动支付）、财捷集团

（Intuit）、加拿大创新科技与经济发展认证局（ISED Canada）、JumpStart、毕马威（KPMG）、劳布洛集团公司（Loblaw Companies）、宏利金融（Manulife）、微软（Microsoft）、瑞士 MKS 金融集团（MKS SA）、穆格（Moog）、纳斯达克（Nasdaq）、Navigator、安大略省卫生和长期护理部（Ontario Ministry of Health and Long-Term Care）、Orange（电信公司）、菲利普·莫里斯国际管理公司（Phillip Morris International Management）、宝洁公司（Procter & Gamble）、百事可乐（PepsiCo）、匹茨堡国民银行（PNC Bank）、致同会计师事务所（Raymond Chabot Grant Thornton）、信实工业集团（Reliance Industries）、魁北克税务局（Revenu Québec）、Salesforce，SAP（SAP SE）、标准银行（Standard Bank）、永明金融（Sun Life Financial）、塔塔咨询服务公司（Tata Consultancy Services）、泰克资源（Teck Resources）、泰勒斯电信（TELUS）、腾讯（Tencent）、汤森路透（Thomson Reuters）、多伦多证券交易所集团（TMX Group）、阿肯色大学（University of Arkansas）、大学健康网（University Health Network）、得克萨斯大学达拉斯分校（University of Texas-Dallas）和 WISeKey。

我们感谢我们的先驱成员：Access 版权事务所（Access Copyright）、埃安（Aion）、Artlery、Attest、区块链大师（Blockchain Guru）、Bloq、CarbonX、Cosmos、Decentral Inc.、EVRYTHNG、火币网（Huobi）、Jumpstart、列支敦士登加密资产交易所（Liechtenstein Cryptoassets Exchange）、龙哈希（LongHash）、

码迪科数字化保险（Matic）、医链（Medicalchain）、Navigator Ltd.、NEM 基金会（NEM Foundation）、Numeracle、安伦（Ownum）、培凯世金融（Paycase Financial）、裴冕链技术有限公司（PermianChain Technologies Inc.）、Polymath、SGInnovate、Slant AG、太空链 SpaceChain、Stride Africa、Sweetbridge、Telos Foundation、Veriphi 和 YOUBASE。

还要感谢我们的联营机构：Alastria 区块链联盟（Alastria）、运输业区块链联盟（Blockchain in Transport Alliance）、南京区块链研究所（Blockchain Research Institute Nanjing）、数字商会（Chamber of Digital Commerce）、自动化法务应用联盟（Coalition of Automated Legal Applications）、企业以太坊联盟（Enterprise Ethereum Alliance）、医疗信息和管理系统协会（Healthcare Information and Management Systems Society）、Linux 基金会（The Linux Foundation）和伊利诺伊州商会（Illinois Chamber of Commerce）。

最后，感谢克尔思滕 · D. 桑德伯格（Kirsten D. Sandberg）基于一系列重要的研究项目，编撰了这部精彩的书稿。她对各章进行了整理和排序，使各章既能忠于主体思想也能加强主体思想。克尔思滕以她特有的远见和毅力完成了这一宏大的项目。

关于区块链研究学会

区块链研究学会由唐·塔普斯科特（Don Tapscott）和亚历克斯·塔普斯科特（Alex Tapscott）于2017年共同创立。它是一家独立的全球智囊机构，旨在助推数字经济方面新愿景的实现。数年来，我们一直在对区块链技术在商业、政府和社会方面的变革性和颠覆性潜能进行研究。

我们的联合研究计划由大型公司和政府机构资助，旨在填补全球对区块链协议、相关应用及其生态系统方面的认知空白，增进人们对企业领导者、供应链和行业的战略意义的认识。可交付成果包括灯塔案例、重要构想的白皮书、研究摘要、圆桌会议报告、信息图表、视频和网络研讨会。我们的全球区块链专家团队致力于探索、理解、记录并告知领导者这种新兴技术的市场机会和实施挑战。研究领域包括金融服务、制造、零售、能源和资源、技术、媒体、电信、医疗保健和政府，以及组织管理、公司转型和创新监管。我们还将探讨区块链在物联网、机器人技术和自动机、人工智能和机器学习以及其他新兴技术中的潜在作用。

我们的调查结果最初是会员专有的，最终根据知识共享许可发布，以实现我们的愿景。想了解更多信息，请访问 www.blockchainresearchinstitute.org。

关于贡献者

白若瑀（Louisa Bai）（第一章）

白若瑀是德勤（Deloitte）技术咨询业务的高级经理，领导该公司在区块链生态系统中的市场开发和合作伙伴关系。她领导着一群战略专家，致力于协助客户理解区块链和分布式账本技术，并将这些理念应用于各自的业务模式、技术基础架构和运营流程中。

克悉蒂诗·巴尔霍特拉（Kshitish Balhotra）（第一章）

克悉蒂诗是德勤加拿大咨询业务的经理。他主导德勤加拿大区块链方面的项目交付。克悉蒂诗在金融服务行业拥有超过 11 年的经验，主要负责资本市场领域的职能项目和技术项目。除区块链以外，他还具备 SWIFT 支付、监管框架与技术、前端和中台办公系统（交易与对账）以及并购方面的专业知识。

诺兰·鲍尔雷（Nolan Bauerle）（第二章）

诺兰·鲍尔雷是位于曼哈顿的 CoinDesk 公司的研究主管。他从 2013 年开始投身比特币和区块链的技术工作，长期为加拿大参议院银行委员会（Canadian Senate Banking Committee）做加密研究，在那里他开创性地应用了区块链技术：当报告提交议会审议的时候，报告内容同时经过哈希处理发布到了比特币区块链上。这可能是除买卖比特币以外，首次将区块链技术用到政府事务方面。在过去的几年中，诺兰对代币、供应链、贸易融资、保险、物联网、密码学、隐私和保密等方面都有深入的研究和著述。

苏玛克·查特杰（Soumak Chatterjee）（第一章）

苏玛克是德勤技术咨询业务的合伙人。他主管德勤在加拿大的支付和区块链团队。苏玛克专注发挥自身在战略执行层面所具备的创新、业务和技术等的交叉领域所掌握的深厚专业知识，通过颠覆性产品、服务和合作伙伴关系来帮助客户提升业务价值。

艾伦·科恩（Alan Cohn）（第六章）

艾伦·科恩是华盛顿特区的律师和顾问。他是 Steptoe & Johnson LLP 的区块链和数字货币业务（Blockchain and Digital Currency）联席主管，也是独立咨询公司 ADC 战略工作室（ADC/Strategy. Works LLC）的负责人。艾伦曾在国土安全部（Department of Homeland Security）担任负责战略、规划、分析和风险方面事务的助理秘书，并在该部承担类似层面的角色达 9 年之久。艾伦是非营利组织全球区块链联盟的顾问，这个联盟为比特币和区块链公司创建了一个与执法和监管机构互动的论坛。他还是多家区块链技术公司的顾问。艾伦还是乔治敦大学法律中心（Georgetown University Law Center）的兼职教授，也是世界经济论坛全球网络安全未来委员会（World Economic Forum's Global Future Council on Cybersecurity）的联席主席。

卡拉·恩格尔布雷切特（Cara Engelbrecht）（第一章）

卡拉是德勤加拿大技术咨询业务的分析师。她专注于在金融服务领域协助客户进行大规模交付项目的管理。加入德勤之前，卡拉撰写了一篇题为《用历史数据对风力发电场发电量进行经验性预测》（*Empirical Prediction of Wind Farm Power Output Using Historical Data*）的本科论文，该论文总结并测试了用马尔可夫理论估算发电量的方法。

斯蒂芬·霍普夫（Stefan Hopf）（第七章）

斯蒂芬·霍普夫博士曾在慕尼黑大学（Ludwig-Maximilians-University in Munich）、开普敦大学（the University of Cape Town）和纽约的哥伦比亚大学（Columbia University of New York）就读管理专业。在公共和私营部门开展各种咨询和研究活动之余，他还在数字技术与管理中心（the Center for Digital Technology and Management）完成了技术管理专业的研究生课程。作为慕尼黑大学信息、组织与管理研究中心（the LMU Research Center for Information, Organization, and Management）的研究助理，他在加州

大学伯克利分校信息学院（the UC Berkeley School of Information）交换了一个学期，并获得了慕尼黑大学商业研究专业硕士学位。2016 年获得博士学位后，他开始在慕尼黑一家数字战略咨询公司努纳塔柯集团（Nunatak Group）担任高级顾问。他之前曾为空中客车公司（Airbus）做区块链市场方面的研究，目前在宝马集团（BMW Group）从事战略与企业发展，以及汽车电子和自动驾驶方面的工作。除此之外，他与本书所提到的任何其他公司均无隶属或所有权关系。

芮诗玛·卡玛斯（Reshma Kamath）（第五章）

芮诗玛·卡玛斯是西北大学普利兹克法学院（Northwestern University Pritzker School of Law）的法律专业毕业生，2017 年毕业，是美国律师协会（American Bar Association）的首届新生代会员。在首尔国立大学（Seoul National University）的世界一流教师和学生的指导下，她获得了国际研究专业研究生学位，主修国际合作方向。她在圣何塞州立大学（San Jose State University）获得了心理学和国际研究双学士学位，并在南非夸祖鲁—纳塔尔大学霍华德校区（University of KwaZulu-Natal's Howard Campus）度过了最后一个学年。芮诗玛在《亚洲发展观察》（*Asian Development Perspectives*）上发表了题为《妇女的区块链：第五项可持续发展目标的下一代》（*Blockchain for Women: Next Generation for Sustainable Development Goal 5*）的文章。她还多次主持相关活动或在此类活动上发表讲话，例如在纽约举办的“妇女与区块链”（Women on the Block）研讨会，由 Freeborn and Peters LLP 主办的新兴技术研讨会（Emerging Technologies Symposium），以及芝加哥区块链项目（Chicago Blockchain Project）举办的“社会公益区块链”（Blockchain for Social Good）论坛。

亨利·金（Henry Kim）（第四章）

亨利·金是约克大学舒里希商学院（Schulich School of Business at York University）副教授，兼区块链实验室（Blockchain Lab）的联席主任。作为加拿大著名的区块链学者，他参与了多家重要机构的研究项目，如和联合国有关的跨国合作的研究，多伦多区域保护局（Toronto and Region Conservation Authority）的微电网项目，加拿大区块链初创公司埃安网络（Aion Network）的基于人工智能的共识机制研究，安大略省农业部（Ontario Ministry of Agriculture）的食品溯源项目，以及美国国家标准与技术研究院（NIST）有关制造业供应链的研究项目。他是多伦多大学菲尔兹研究所（University of Toronto’s Fields Institute）区块链系列研讨会的联合组织者，也是加拿大政府《区块链与数字账本技术白皮书》（white paper on blockchain and digital ledger technologies）项目的顾问。他在加拿大金融服务领域多家区块链初创企业和采矿与自然资源企业担任科学顾问。

马雷克·拉斯科夫斯基（Marek Laskowski）（第四章）

马雷克·拉斯科夫斯基于 2011 年在曼尼托巴大学（University of Manitoba）完成了计算机工程专业博士学位课程。在那里，他开发了以数据为驱动的基于实证的决策支持系统，借助以新兴的人工智能技术为依托的医疗保健发挥作用。此后，他一直在制药行业的资助下，研究公共卫生干预策略对加拿大人群的影响。马雷克在约克大学舒里希商学院教授研究生阶段的数据科学课程，并在此与他人共同创立了区块链实验室。他是以高保真虚拟现实和增强现实技术做在链可视化分析和知识解读方面的先驱。他还是多家超级账本和以太坊区块链初创公司的顾问，参与了美国国家标准与技术研究院（NIST）数字资产区块链标准的制定工作，还参与了联合国贸易便利化与电子商务中心（UN/CEFACT）跨境商业流程标准的制定工作。他的研究涉及区块链，卫生保健决策支持系统，以及针对诸如疫苗等公共卫生干预措施有效性所做的人群建模研究。

维尼特·纳如拉（Vineet Narula）（第八、第九章）

维尼特·纳如拉在其 15 年的企业职业生涯中，将大部分时间用于搭建零售业务和医疗保健领域全球业务合作伙伴关系。他对探究技术及其对全球生态系统（经济、社会与环境）的影响会如何给行业带来变革方面的问题充满了热情。在麻省理工学院（MIT）获得 MBA 学位时，他对分布式账本技术充满了兴趣，在那里他进一步研究了供应链和增材制造所带来的数字化（区块链）转型。维尼特目前是客户成功业务的牵头人，负责帮助为财捷公司（Intuit）全球生态系统搭建专家（供应）平台，正在为具有人工智能和机器学习策略经验的专家开发跨交流体验。

普雷玛·施里柯诗纳（Prema Shrikrishna）（第八、第九章）

普雷玛·施里柯诗纳是区块链爱好者。她花了超过十三年的时间为全球500强公司（如沃尔特迪斯尼公司、ABB和沃达丰）在亚太市场建立起可持续运营业务。她制定了应对国际环境合规要求的战略，建立起符合道德规范的供应链，并用技术进行“最后一英里”创新。目前，她在世界银行集团（World Bank Group）的技术创新实验室工作，展示了区块链技术在供应链、卫生健康、农业和贸易融资等项目中所能发挥的作用。

维卡斯·辛格拉（Vikas Singla）（第一章）

维卡斯是德勤加拿大咨询业务高级经理，主管在加拿大的区块链团队，该团队致力于帮助客户理解区块链（或泛分布式账本技术）理念，并将其应用于业务模型、技术基础架构和操作流程。他拥有超过九年的经验，并领导了多个基于区块链的实验性项目。

唐·塔普斯科特（Don Tapscott）（前言）

塔普斯科特集团（Tapscott Group）首席执行官兼区块链研究学会（the Blockchain Research Institute）执行理事唐·塔普斯科特

是技术对商业和社会造成影响方面研究的世界权威专家。他撰写了16本书，其中与安东尼·威廉姆斯（Anthony D. Williams）合著的《维基经济学：大规模协作如何改变一切》（*Wikinomics: How Mass Collaboration Changes Everything*）已被翻译成25种语言。唐与他的儿子亚历克斯·塔普斯科特（全球知名的投资家、顾问及区块链技术和加密货币领域著名演说家）新近合著了一本立意高远的新书《区块链革命：比特币底层技术如何改变货币、商业和世界》（*Blockchain Revolution: How the Technology Behind Bitcoin and Other Cryptocurrencies Is Changing the World*），该书已于2018年6月出版。根据哈佛商学院的克莱顿·克里斯坦森（Clayton Christensen）的说法，“这简直就是一本讲如何在下一波以技术为驱动的颠覆浪潮中生存和发展的书”。唐是加拿大勋章获得者，入选“全球最具影响力的50大管理思想家”。他是欧洲工商管理学院（INSEAD）兼职教授，并曾两度出任安大略省特伦特大学（Trent University in Ontario）校长。

安东尼·威廉姆斯（Anthony D. Williams）（第三章）

安东尼·威廉姆斯是DEEP中心联合创始人兼总裁，也是国际公认的研究企业和社会数字革命和创新创造方面问题的专家。他与唐·塔普斯科特合著了具有划时代意义的畅销书《维基经济学：大规模协作如何改变一切》，也是后续著作《维基法则：互联世界的新解决方案》（*Macrowikinomics: New Solutions for a Connected*

Planet）的作者之一。安东尼目前担任的职务有：马克尔基金会的“美国经济未来计划”（Markle Foundation's Initiative for America's Economic Future）的专家顾问，布鲁塞尔里斯本理事会（Lisbon Council in Brussels）和渥太华治理研究所（the Institute on Governance in Ottawa）资深研究员，以及巴西“免费教育项目”（Brazil's Free Education Project，一项旨在为200万巴西年轻人提供21世纪劳动力所需的技能培训的国家战略）首席顾问。他论述技术和创新方面的文章时有见诸《赫芬顿邮报》（*Huffington Post*）、《哈佛商业评论》（*Harvard Business Review*）和《环球邮报》（*The Globe and Mail*）等出版物。